传统门店数字化转型升级书系

汽服门店
金牌店长
实战指南

周锋 著

中国科学技术出版社
·北京·

图书在版编目（CIP）数据

汽服门店金牌店长实战指南 / 周锋著 . — 北京：中国科学技术出版社，2024.5
ISBN 978-7-5236-0582-0

Ⅰ . ①汽… Ⅱ . ①周… Ⅲ . ①汽车—服务业—商业经营—指南 Ⅳ . ① F719.9-62

中国国家版本馆 CIP 数据核字（2024）第 062585 号

策划编辑	何英娇　陈　思	责任编辑	何英娇
封面设计	仙境设计	版式设计	蚂蚁设计
责任校对	邓雪梅	责任印制	李晓霖

出　　版	中国科学技术出版社
发　　行	中国科学技术出版社有限公司发行部
地　　址	北京市海淀区中关村南大街 16 号
邮　　编	100081
发行电话	010-62173865
传　　真	010-62173081
网　　址	http://www.cspbooks.com.cn

开　　本	710mm×1000mm　1/16
字　　数	191 千字
印　　张	15.5
版　　次	2024 年 5 月第 1 版
印　　次	2024 年 5 月第 1 次印刷
印　　刷	大厂回族自治县彩虹印刷有限公司
书　　号	ISBN 978-7-5236-0582-0/F・1234
定　　价	69.00 元

（凡购买本社图书，如有缺页、倒页、脱页者，本社发行部负责调换）

前　言

近年来，随着汽车后市场独立售后服务门店（简称"汽服门店"）全国连锁及区域连锁数量越来越多，行业里普遍抱怨店长一职一将难求，优秀店长的标准化打造对于门店特别是连锁店的生存和发展至关重要，所谓店长强则门店强。

其他行业零售店都有成熟的店长培训体系，唯独汽服行业没有专门的店长课程及培训体系，笔者走访过全国近3000家门店，90%以上的老板都反馈好店长一将难求，大多数的单店老板（其实就是店长）对于店长一职该做什么都没弄明白，每天忙到怀疑人生，一看银行卡余额依旧没有增加，甚是苦恼。

很多汽服门店从业人员包括店长自己对于店长一职到底该干什么，在门店该充当什么角色，都是一头雾水，导致门店内部管理一团糟。

我们辅导过全国近50家大中型修理厂（面积均超过3000平方米），在复盘时我们发现了一个规律，即有店长的门店，辅导效果还不错，没有店长的门店，辅导效果不是太理想。由此可见老板和员工之间必须有一个承上启下的角色：那就是店长。

基于行业内越来越高的呼声：汽服行业需要符合本行业属性的专业的店长培训课程和培训体系。

我们于2019年着手准备，经过了艰苦卓绝的奋斗历程，汽服行业店长课程（线上课程）终于在2021年6月推向全国。课程一经推出就得到了广大学员们的一致好评和认可，目前线上学员总数已突破 600 名。

随后在广大汽服从业者及学员们的强烈要求下，我们将课程形成标准的图书，以供更多的从业者能学习到属于汽服行业的真正的店长课程。

CONTENTS 目录

001 第一章
店长强则门店强

- 第1节　汽服门店店长课程诞生记　003
- 第2节　我们要学习什么　006
- 第3节　店长，到底是谁　012

017 第二章
初级业务型店长

- 第1节　做一个初级业务型店长　019
- 第2节　调整心态，点燃第一把火　022
- 第3节　业务型店长能力的基础　025
- 第4节　在信息高度透明时代提升销售与成交技能　030
- 第5节　初级管理技能　035
- 第6节　初级数据统计与分析　037
- 第7节　关于本章的一些说明　039

043 第三章
初级教练型店长

- 第1节　教练型店长是什么　045
- 第2节　快速进入教练型店长的角色　047

第 3 节　不可忽视的培训能力　053
第 4 节　转训　056
第 5 节　做好一名教练　058
第 6 节　如何培养帮手　060

063

第四章
中级管理型店长

第 1 节　管理型店长是什么　065
第 2 节　管理型店长的职责　076
第 3 节　搭架构、定职责、捋流程、强执行　079
第 4 节　优秀团队的雏形　094
第 5 节　让业绩管理成为经营的帮手　113
第 6 节　客户至上　125
第 7 节　繁重工作中的时间管理　142
第 8 节　做好财务和货品管理　158
第 9 节　环境——门店的第一印象　164
第 10 节　四象限工作法　171
第 11 节　识才、爱才、惜才　174
第 12 节　对外协作怎么做　177

179

第五章
高级经营型店长

第 1 节　汽服门店的本质　181
第 2 节　升级为经营型店长　184
第 3 节　经营型店长做什么　189
第 4 节　从管理力到领导力　193
第 5 节　高效经营离不开数据分析　198

第 6 节　让员工都动起来　211
第 7 节　年度规划与复盘总结　222

附录一　经营型店长如何带领门店进行新能源
　　　　转型　231

附录二　经营型店长如何带领团队循序渐进做
　　　　好数字化转型　235

第一章

店长强则门店强

随着汽车保有量的不断飙升，汽服门店也得到了高速的发展。

都说一个行业发展初期，只要有技术就能赚得盆满钵满，汽服门店也是这样，这是时代赋予的红利。然而当行业越来越成熟，竞争越来越激烈，利润越来越透明的时候，就要向内部管理要效益，也就是所谓的管理红利了，汽服门店行业也不例外。

要想提升门店整体的经营和管理水平，核心其实就是店长，店长强则门店强，店长做对了，门店的经营和管理也不会差，产值也不会差。

本章介绍了店长课程的诞生，以及店长实训手册的内容规划与框架，让大家对汽服门店金牌店长的学习内容有一个整体的认知，便于后期更有针对性地学习。

第 1 节
汽服门店店长课程诞生记
SECTION 1

去年听某位经营专家说了如下这段话："一流的领导只管人不管事；二流的领导既管人又管事；三流的领导只管事不管人。"在不同的情形下，对这段话的理解都不一样。这句话的对错我们暂且不管，后续在管理型店长的相关章节里会有详细解读。这段话促使我们萌生了研究并开发如何做好汽服门店店长以及什么样的人才能做好汽服门店店长这个主题的想法，但也仅仅只是萌生而已。

有了主题，就可以开始走访研究。在过往 10 多年的汽服门店从业生涯中，我走访过近 3000 家门店，深度走访的门店近 500 家，得出了一个结论：很多门店的老板其实连店长都没做好，只不过因为早几年行情好，竞争小，大家或多或少都赚到了钱。有句话是这么形容的，在行情好的时候，就像乘电梯往上，至于你在电梯里是坐着的、站着的、躺着的都不重要，反正跟着好行情就上去了。但随着竞争越来越激烈，就好比乘电梯的人越来越多，电梯已不堪重负，你可能要爬楼梯上楼，这恰恰是各显神通的时候了。

但凡有点想法的汽服行业从业者在一起交流时，都会叹息现在汽服门店的问题太多，有时候犯的错误或者对于门店管理与运营常识的无知令人很是惊讶和无奈。早几年的我每每遇到这种情形的时候，也会跟着别人点头应付，然后不了了之，也没想着去思考问题的根源以及解决方案。

后来随着我们在全国做了近100家中大规模的汽服门店及部分连锁店深度驻店辅导后，总结培训经历，我们突然发现了一个很有趣的现象，也正是这个现象坚定了我们研究并开发汽服门店店长成长的一系列课程。

接着上面一段话，我们详细说说这个"现象"：汽服门店但凡有指定店长与我们对接的，不管这个店长一开始能力强弱，驻店辅导培训后，效果都还不错；如果汽服门店没有指定店长与我们对接，是老板直接与我们对接，效果基本都不太理想。

出现这一现象，其实与老板能力强与弱没有太大关系，关键在于有店长的门店，每次我们到店安排相应工作后，店长会承接我们所安排的一切工作。

然而没有店长的门店，每次我们到店安排相应的落地改革工作后，大多往下推行得不太到位。其实主要原因是少了一个承上启下的中间角色：店长（中层干部）。

店长安排工作到底有什么区别呢？老板往下安排工作往往是命令式和粗犷式的，不管员工理不理解，要知道老板和员工的思维方式、理解能力、认知格局都是断层的。老板安排的很多工作，员工根本不理解，要么就是老板把工作安排下去了，但老板太忙，事情太多，安排下去的工作有没有执行、会不会执行、执行效果如何等这一系列问题老板一般都无法及时跟进，最终的落地效果可想而知。而老板没做好，也没人敢和老板说，老板更会拿"忙"来做挡箭牌，最后就不了了之了。

而店长就不一样了，店长一能领悟老板的意图；二能服从老板的安排；三能理解员工的工作状态适时提供相应的帮助和支持，有助于新制度新政策快速在店内推进并得到结果。

店长如此重要，然而全国汽服门店，90%以上都缺少一个好店长。有很多中小门店老板会说，店的规模小，不需要店长，但我们想说："作为中小门店老板，你就是店长，请以一个好店长的标准来要求自己。"

再回到开篇那句话："一流的领导只管人不管事"，这就类似我们到门店驻店辅导，有店长承接工作的，我们会把所有方法教给他一人，坚决不管事。接下来的"事"我们会辅助店长让他往下一步一步推行，可能前期会比较艰难，但一旦推行下去就走得很稳，这个店长成长得也特别快。当然了店长成长得越快，门店业绩提升得当然也越快。

本次把课程进一步编写成这本书，旨在帮助全国所有认同我们观点的门店培养出一批优秀的店长，只要把店长这一职位搞明白，门店后续的经营也就基本搞定了。一流的领导只管人，同样一流的管理咨询公司只培训人和培养人，也就是店长，最终由人及事，店长顺利成长起来，把事做好了，门店才能稳健经营与发展。

第2节
我们要学习什么
―― SECTION 2 ――

本书作者团队拥有 15 年以上汽服从业经验，在翻阅了近 100 本相关图书，历经 16 个月潜心打磨，走访近 50 家具有代表性门店后，终于完成研究，使本书成功面世。

为了方便大家理解并快速成长，我们把本书中的店长课程归纳为两组数字：第一组是"346"课程体系，第二组是"1+N"能力模型。

一、"346"课程体系

"346"课程体系中的"3"代表店长班分为 3 个等级：初级、中级和高级。

"4"代表店长成长的 4 个阶段：业务型、教练型、管理型、经营型。

（1）业务型店长：顾名思义，业务型店长主要存在于中小门店中，团队不允许有太多的人员编制，但为了确保门店高效运转，还得有一些架构与管理，重在短平快地执行、沟通与协调。这类店长除了不在车间修车，基本每个板块都要负责，并牵头推进和执行。

（2）教练型店长：教练型店长就是要学会做一名合格的教练，

本质意思就是作为一个业务型店长，你对门店每个业务板块都比较精通，但如何把你的能力分步骤地复制给相应的员工呢？比如门店规模小的时候，你可能既是老板又是前台，甚至还是车间主任等，但随着业务越来越多，你越来越忙不过来，肯定要招一个专职的前台，但新来的前台不会工作，怎么办？此时就需要你把你身上前台的工作复制转移给这位前台的同事。如何高效高质量地复制，这就涉及教练能力。

（3）管理型店长：随着门店越经营越好，店面越来越大，团队成员越来越多，每个板块都有专门的同事负责，此时面临着带团队、控流程、盯结果等一系列门店内部管理工作。管理型店长在这一阶段，没有时间和精力去做更多一线的工作，而是需要协调各个部门的同事，辅助他们更好地完成相应的工作，并最终形成一个系统的经营管理体系和生产流程体系。管理者就像门店的大脑，各部门就像四肢，大脑不会去干所有的事情，但一定会负责思考然后及时指挥和协调各个"器官"去完成相应的工作，确保身体机能正常。管理型店长就是要做好那个大脑。

（4）经营型店长：经营型店长通俗点说就是带领门店赚更多的钱。前面一到三阶的店长学习课程，基本都是教会一个店长如何确保一家店面的正常运转；但如何把一家门店从正常运转到经营得风生水起，后续门店经营方案如何做好战略规划与转型、产值如何才能稳步提升等，这些都取决于一个店长的经营能力。最终的目的是在不影响当下的产值情况下及时做好经营发展规划，在不伤害客户满意度且不侵占员工利益的情况下持续确保利润的最大化。

"6"代表店长的6大能力模型：业务能力、沟通协调能力、销售能力、教练能力、管理能力、经营能力。

二、"1+N"能力模型

"1+N"能力模型意味着一位合格的店长不一定要一上来就是通才,也很难做到通才。先打造"1",再打造"N"。

"1"表示必须有一项技能或能力很厉害,厉害到能折服全店上下所有同仁,且还能对业绩提升起到直接或间接的作用。比如我们之前辅导江西的一家门店的女店长,这位店长能力普通,但有一点很突出,就是员工关怀做得特别好。她在员工面前就像知心大姐一样,每个员工都喜欢跟她聊天,她也尽全力照顾到每位员工的感受,员工都死心塌地跟着她干,只要推行新的政策和制度,个个响应度都很高。

"N"表示在后续工作中再逐步去提升其他方面的能力素质。一个店长短期内要想做成一个全能型的店长肯定不容易,但可以结合自己过往工作的经历以及自身性格和能力的优势,重点打造一项能力,当然,如果能打造二项、三项、四项……能力,则更好。但一定要注意的是前期至少打造一项非常强的能力或技能,千万别这个能力也想发展,那个能力也想提升,到最后所有的能力都是半桶水,拿出去没有任何杀伤力,把自己搞得心力交瘁,对门店经营和管理还起不到半点作用。

三、店长的自我四问

(一)店长的主要职责

店长作为一个店的负责人,首要目标一定是对业绩负责。而业绩是管理出来的，管理的核心是执行力。所以可以这样理解：作为一个店长以门店终极经营目标（具体的营业指标）为主，通过管理、协调以及自己亲自去做（人员不够的情况下店长也需要承担一部分的工作），确保门店能正常运营生产，同时确保得到预期的结果。

（二）店长需要具备的素质

作为店长需要具备什么样的素质，具体可以看一下由美国著名心理学家麦克利兰提出的冰山模型（图1-2-1），参照最下面的三个方面，分别是：价值观、性格特质、动机。

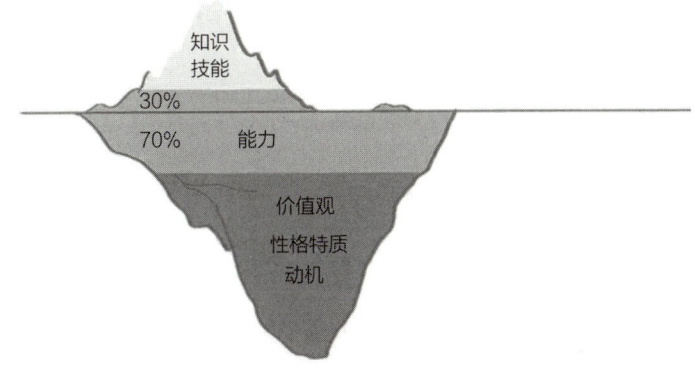

图1-2-1　麦克利兰提出的冰山模型

（1）价值观：价值观的概念是什么？简单说是人们认定事物、辨定是非的一种思维或取向。店长的价值观首先得正直诚信，才能带领一帮正直诚信的人在身边为己所用，共创价值。

（2）性格特质：性格是不是开朗的、热情的、善于组织的，等等，如果这几点都符合就比较适合做店长。

（3）动机：一般做事情有成就动机、权力动机、亲和动机的都比较适合当团队领导。有成就动机的人喜欢挑战，有权力动机的人希望影响他人，有亲和动机的人希望维系更好的团队关系。

以上这 3 个方面的素质，更多的是个人生活经历沉淀出来的，并不是天生的。

（三）好店长的标准

好店长的标准到底是什么呢？可能每个人内心的期许都不一样。老板希望你所做到的，和你自己希望你做到的，以及下级希望你所做到的可能都不一样，但可以客观地做个画像，即我们前面讲到的店长六力模型（图 1-2-2）。

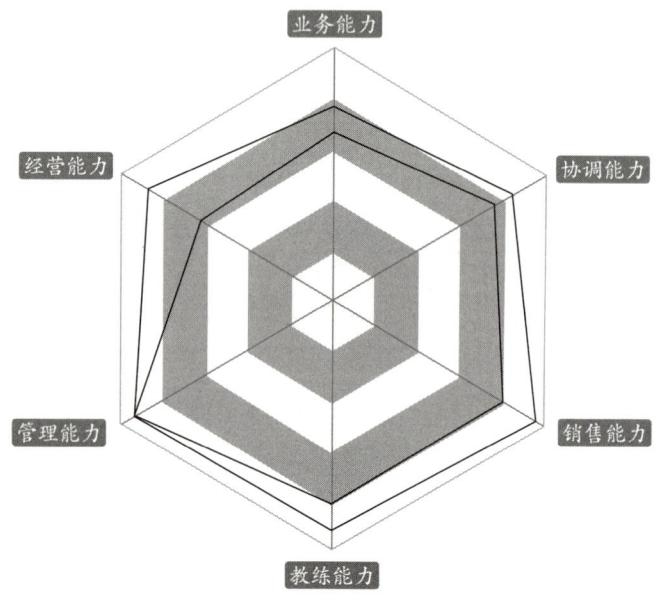

图 1-2-2 金牌店长六力模型

（四）如何成为一名合格的店长

首先，在成为一名合格店长之前，一定是一名好的服务顾问。因为好的服务顾问在面对客户时都有同理心，即共情力；好的店长在团队管理过程中面对员工时也必须具备同理心，才能充分调动员工积极性，从而实现经营目标。

其次，要不间断地学习，学习使人进步，学习提升认知，学习促进行动。期待各位读者能活学活用本书的内容，学以致用，尽早成为一个优秀的店长。

第3节 店长，到底是谁

―――― SECTION 3 ――――

作为一名汽服门店的店长（这里所指的店长有中小门店的老板、连锁加盟店的专职店长或店主），主要充当哪些角色呢？下面我们深入剖析一下店长的十二大角色。

一、店长是门店的大家长

店长要关心门店的硬件、安全、形象、名声等问题，还要随时服务好团队内部成员，为他们能够顺利工作做好坚强的后盾。店长还要关注核心客户的满意度，带领团队服务好所有的客户，处理好门店与员工、员工与客户、客户与门店的所有关系。同时店长也要注意协调好自身与各方的关系。

二、店长是门店代言人和润滑剂

就门店而言，店长代表门店处理与员工的关系，是门店利益的捍卫者；就员工而言，店长也是员工利益和权利的代言人。所以店长既要照顾到门店的整体利益，同时也要照顾到各个员工的利益，店长是员工与门店的桥梁与润滑剂。

三、店长是门店经营管理第一责任人

店内不管有多少部门、多少人员，也不管各部门、各类人员的工作表现如何，其最终的责任在店长。店长对门店的经营绩效、门店的形象，以及环境卫生和整体氛围负有全责。这一点对于前期店长身份的转变非常重要。

四、店长是门店执行带头人

店长是门店政策及经营流程与标准、管理规范、经营目标的执行带头人，即使店长对老板或总部的决策有异议或有自己的看法，也应当通过正常的渠道和方法来积极应对和处理，而不应当在下属员工面前表现出不满或无可奈何的情绪。

五、店长是门店规划者

为了实现门店的经营目标，店长应对门店的经营管理活动进行规划，如月度经营规划（营业总目标、部门的营业目标、部门的毛利目标），营销活动规划，为完成经营目标的具体的行动规划，人才规划等。

六、店长是门店指挥官

作为店长必须安排好各部门、各班组从业人员的工作，指挥他们按照门店各项计划要求和分工来开展各自相关的工作，确保促成各部门及各成员间的高效协作，以提升专业度和工作效率，提升服务质量，从而提升客户满意度，最终提升产值。

七、店长是门店激励者

店长应正确且适时地采用适当的方式激励全店员工保持高昂的工作热情和良好的工作状态，使全店员工人人都有强烈的使命感、责任心和进取心。最有效的激励方式就是尽量做到使个人目标和门店整体经营目标有效结合起来。

八、店长是门店协调者

店长负有上情下达、下情上达、内外沟通、协调关系的责任，所以，店长应具有协调和处理相关矛盾和问题的能力，具备与顾客沟通协调、与店员沟通协调、跨部门沟通协调、与外援单位沟通协调、与供应商沟通协调，甚至与友商沟通协调等方面的耐心和技巧。

九、店长是门店监管者

店长必须对日常经营管理业务流程等进行强有力的且富有权威的监管，监管的目的是保证实际执行工作与门店的整体计划相一致，店长重点监管的要素是：工作流程监管、人员工作态度监管、客户满意度监管、配件质量监管、金钱监管、数据监管以及利润监管、环境监管等。

十、店长是门店一线员工的教练

各部门的主管及全体店员应具备独立处理店内相关事务的能力，以免工作延误。为此，店长也应适当授权，在授权之前，店长应提前培养下属的独立工作能力，将不同的能力复制给不同部门和不同工种的员工，并且在有必要的情况下，在工作现场及时予以指正、指导和帮助。全店员工的工作能力和素质提高了，店长的管理工作就更能得心应手了。此处店长需记住，将过往的问（指）责式管理改成教练式管理。

十一、店长是所有问题的终结者

店长应永远保持着理性，善于观察和收集资料，对门店内可能发生的情况进行有效预防。对于发生的问题，应保持冷静，并能做到有效分析和及时妥善解决，是所有问题的终结者。遇到问题要向上反馈，不要向下抱怨。

十二、店长是门店的分析师

店长应永远保持理性，善于观察店内经营实情，结合相关数据资料及时分析门店实际经营的得与失。同时要对门店的经营数据，如收入、支出、成本控制等做及时的数据分析，据此调整经营策略。

由于门店的人数规模不同，店长的能力水平不同，不能要求每一位店长立刻扮演好每一种角色。本书会帮助各位想成为优秀店长的学员,规划好科学的学习成长道路,大家只要按本书的逻辑及步骤学习,一定可以逐步成为优秀的店长。

第二章

初级业务型店长

第 1 节
做一个初级业务型店长
―― SECTION 1 ――

在进入这一节内容之前，我们先思考一下谁比较适合被提拔为汽服门店的店长，是优秀的技师还是优秀的服务顾问呢？关于这个问题我进行了专题研究，基于后续持续发展考虑而言，我认为提升优秀的服务顾问作为店长比较好一些，因为服务顾问更具备同理心。当然，特殊情况需特殊对待。

那作为初级店长，需要具备哪些基础能力和素质呢？

我们都知道，一个人要做好一件事，基本由 3 个方面决定：态度、知识储备和技能，三者缺一不可，同样做好一个店长也不例外。这个话题我们放到后面章节去探讨。

一、初级店长需要具备的素质

（一）责任心

店长首先需要具备很强的责任心，这是重中之重的要素，因为作为店长既要对门店负责，也要对顾客负责，还要对员工负责，甚至还担任了对社会负责的使命，所以具备强烈的责任心是基础。

（二）同理心

作为店长面临的问题增多了，扮演的角色也增多了，上要面对老板，下要面对员工，对外要面对供应商，还要面对顾客甚至同业人员，在与这么多人沟通问题时，如果不具备站在对方的立场去考虑问题的能力，很多问题是没有办法得到有效且快速的解决的。

（三）具有超强的服务意识

成为店长后，一方面要服务好顾客，另一方面要服务好自己的下属。服务好顾客大家都能理解，也都能做到；但服务好同事是什么意思？升为店长后，需要动员或引导下属去完成相应的工作，作为店长需要给他们提供足够多的支撑与服务，让下属们充分释放自己的才华完成一线工作，才能运筹帷幄，实现门店的经营目标。

二、初级店长需要具备的能力和技能

（一）熟知各类型汽服门店的生产流程

这个环节很多店长或老板都不是太重视，总是跟着感觉走，但这又决定了修理厂能否快速解决问题。作为店长对于整个门店一定要有全局观，就像曾国藩所说的，"做事要大处着眼，小处着手"。但目前很多店长都被琐事给困住了，俨然就是个"救火队员"，哪里需要扑向哪里，辛苦也就算了，最苦恼的是忙到最后结果还不理想，这背后根本原因就是严重缺乏全局观所导致的。

（二）熟知市面上 80% 的车型，以及一辆车上 80% 的配件名称

店长的首要任务是做产值，所以店长大部分的工作是围绕着与产值相关的核心工作来展开。至于与车辆相关的专业问题完全可以交给技师来完成，店长只需要知道某个配件坏了，从定配件到安装调试完成大概需要多久，在跟顾客沟通时判断出顾客和车间都满意的具体交车时间即可。交车时间定得太长，顾客不满意；而交车时间定得太短，车间来不及生产，会影响生产质量。

（三）熟练掌握汽服门店服务顾问应有的全部技能

很多汽服门店的工作人员都欠缺销售的能力，包括一些中小门店的老板，即使会做，也不会将好的销售成交的方法复制给下属，主要原因就是做得好的老板大多凭经验在做，没有标准的方法，也就不具备复制的能力。

第 2 节
调整心态，点燃第一把火

———————— SECTION 2 ————————

在开始这节内容之前，对于初级店长的两种状态有必要再明确一下，所谓的初级店长一种情况是由个人的能力导致目前只能胜任初级店长，另一种情况是门店的规模决定了只需要具备初级店长的能力即可。

初级店长需要从以下四个维度调整好心态才能当好店长。

一、不拿鸡毛当令箭

基层员工升为管理层后，要去履行管理层该履行的责任，最重要的是做到以下这两点，一是服务好你的下属，只有这样，他们才能服务好每一位顾客；二是服务好你的顾客，或者辅助你的下属去服务好每一位顾客。具体如何做，会在后续章节中详细讲解。

二、树立威信

作为管理层是要安抚好、服务好员工，但不是一味地讨好。该树立威信的时候一定不要迟疑，否则后续团队管理工作很难做好。

三、恩威并施拿捏有度

作为管理层，不能与员工走得太近，但也不能离得太远，这个度初级店长很难拿捏得当，只能靠自己去尝试，但有几个原则是不变的：①该对员工好就对员工好，哪怕员工比你年纪大，作为领导的关爱关怀都必须到位。②面对工作的时候，一定严谨严格严厉，工作上不得有半点马虎，与员工沟通时永远做到对事不对人。③出现问题时，最好能教会下属下次如何干好。④不要当着众人批评某个员工。⑤无论在工作上还是生活上，最好与员工保持适当的距离，适度营造神秘感。

四、不卑不亢情绪稳定

作为管理层，承担的责任大，有时候还不被员工、领导以及顾客所理解，这个时候就需要有强大的内心来支撑，懂得进退，受了再大的委屈也要情绪稳定，不要在愤怒的时候做决定，遇到问题，不妨找个没有人的地方自己冷静一下，冷静好了再处理工作上的事情。遇到有情绪的员工、顾客或者老板的时候，永远记住先处理情绪，待情绪处理好后，再处理事情。

初级店长刚上任，往往不会安排工作，分不清轻重缓急，眉毛胡子一把抓，导致门店内部混乱不堪，绩效不尽如人意。

其实新任店长上任后最重要的工作就是明确分工。

即做到店内任何一项工作都要有"第一责任人"。店长需要结合门店的实际情况，各成员过往的工作聚焦点和擅长点，再结合个人意愿，合理分工，做到人人有事做，事事有人做。

明确分工后，店长还要监督并提醒员工贯彻执行。不排除有很多老员工因为习惯了固有的工作方式，不按照新的分工去完成工作的情况，店长需要全程参与督促执行，时刻提醒并帮助团队成员适应新的分工。初期肯定是困难重重，状况百出，但店长千万不能一着急就自己动手，安排给谁干的工作就该让谁干，一旦大家都适应新的工作职责了，店长就可以腾出精力去干更重要的事情了。

分工明确，有助于店内工作的顺利展开，更是后续店长能做好门店管理工作的基石。至于做好分工的详细方法及步骤我们会在第四章"中级管理型店长"中详细讲述。

第 3 节
业务型店长能力的基础
―――― SECTION 3 ――――

一、协调沟通能力

关于沟通，先问大家一个问题，作为店长是不是经常觉得自己团队成员的执行力不行？很多时候这或许不是员工执行力差的原因，很有可能是与员工之间的沟通出现了问题。本节内容我会结合我们团队的工作经历以及其他门店优秀老板和店长的做法重点拆讲一下沟通的步骤和流程，以帮助大家快速提升团队内部的沟通协调能力。

（一）明确所有人的责任权

店长，首先要做的就是明确每个人的责任和权利，这样才便于后续找准沟通对象，快速协调解决好问题。

（二）明确事件的来龙去脉

在准备沟通一件事情之前，店长得了解与这件事相关的所有细节，而且必须保持客观态度，千万不能带有主观色彩去了解相关环节。

（三）找准沟通对象

店长发现有一辆车维修进度出了问题，耽误了交车，这个时候首先要做的就是明确沟通对象是谁。导致延误维修进度的因素有很多，有可能是前台的原因，也有可能是配件采购的问题，所以店长在遇到这样的问题后，首先是了解清楚到底是哪个部门的原因，然后去找相关部门的负责人沟通。

（四）快速建立信任

沟通的终极目的是解决问题，如果对方不信任你，那再多的沟通都是徒劳，所以建立信任也是决定沟通质量的关键因素。在沟通之前要去充分了解沟通对象，同时也让沟通对象充分了解你，大家先要建立起初步的信任。

（五）把事说清楚

沟通过程中一定要言简意赅地把事情说清楚，特别是作为店长在安排工作时，要说清楚安排谁去做什么，什么时候去做，需要做到什么程度等，千万不能说得不明不白或者模棱两可。

（六）确定对方理解的与你所想表达的意思一致

这种现象在我们日常生活中很常见，你明明讲的是 A，而对方所听到和理解到的是 B，或者你说了十句话，他可能只接受并理解了三句话（图 2-3-1）。

所以最后一定要再确认对方是否完全理解了自己的意思，如果谈话内容涉及金钱或数据，一定要再跟对方确认一下细节。

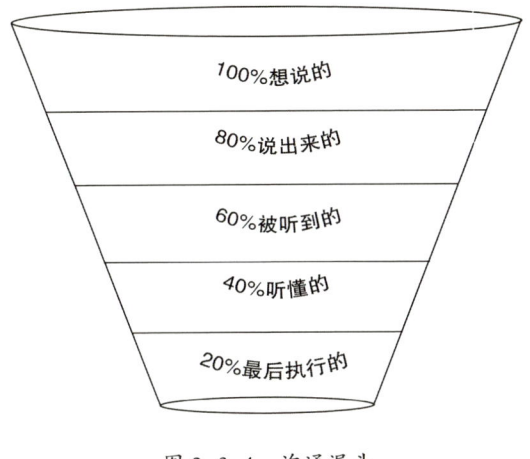

图 2-3-1　沟通漏斗

（七）确定对方所说的和自己所理解的一致

当对方表达了他的意思后，你也一定要再次与他确认一下，他刚刚所说的意思与你所理解的意思是否完全一致。

（八）充分考虑双方的利益点

双方的立场不一样，有时可能还要涉及第三者的利益，在充分考虑各方利益的同时，要注意不能让自己陷于太过被动的局面。

（九）达成一致

成功的沟通最终一定是大家在愉快的氛围中达成一致意见。

二、产品规划的高手

产品规划能力是一个店长最关键的能力。

（一）单品项目化的能力

这里所说的产品是几个单品的项目化，区别于纯粹的卖产品的单品时代，单品项目化除了要会介绍产品，了解客户需求，还要侧重强调你家的服务与别家的不同，服务细节是当下最需要展示的，产品同质化严重，服务才能体现差异化。为实现单品项目化，店长要对门店内部员工进行技术培训、销售培训和服务流程培训。将完成情况与员工的目标任务制定、绩效考核制度制定挂钩。定期召开会议复盘，更新培训内容。

（二）具备打造特色项目的能力

很多门店几乎上了汽服门店所有的业务，从洗美装到维修保养到钣金喷漆甚至到汽车贸易和二手车，结果是越做越累，却样样都不精通，就像一个饭店没有特色菜一样，客户对你没有深刻的印象。所以店长应具备为门店打造一个特色项目或者一个特色服务的能力。

（三）各单品组合售卖的能力

汽服门店一定要设置3类产品：引流品、利润品、关系品。

引流品有两大功能，一是吸引新客户，二是留住老客户。什么样的产品可以作为引流品呢，就是车主都熟悉的产品或服务，比如：洗车、常规保养、玻璃水等，这些产品价格透明，适合引流。

利润品就是给门店创造利润的。什么样的产品适合定位为利润品呢，就是车主所不熟悉的、价格不透明的产品。但定价时一定要保持合理的利润空间，低了没有利润，高了留不住你的客户。

关系品就是拿出来与客户建立关系的。举个例子，很多门店针对到店保养的车主都会送上玻璃水或者赠送机舱清洁加线束保护。

这两个产品都是典型的关系品，附属在主服务上面，目的就是超出客户对门店的预期，跟客户建立更深一层的客情关系。

（四）具备客户视角的产品或服务规划能力

很多门店经营过程中缺乏客户视角，不同车主，年龄不一样，车型不一样，车龄不一样，他们的需求也会不一样，作为经营者，要多观察、多考虑、多总结不同类型的客户需求，这样才能针对不同的客户推荐适合他的产品。

最后总结，作为业务型店长，一定要把门店的产品类目规划明白，同时要把定价设定清楚，才能完成既定目标。

为了方便读者一目了然掌握到本节内容的精髓，再给大家准备一张简单的思维导图供参考，如图 2-3-2 所示。

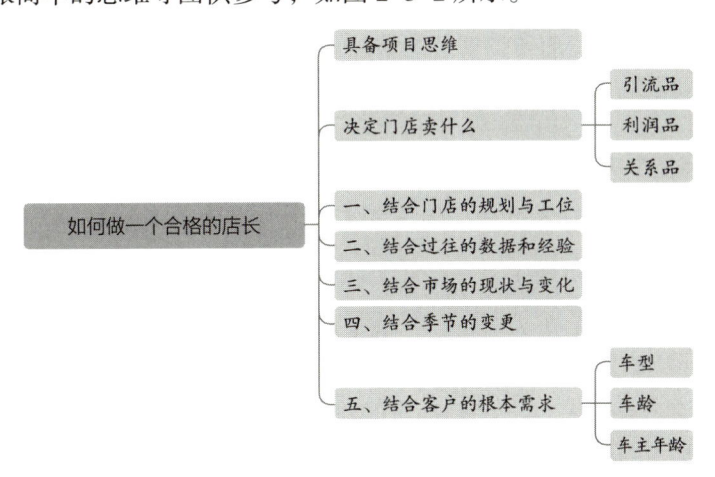

```
如何做一个合格的店长
├── 具备项目思维
├── 决定门店卖什么
│   ├── 引流品
│   ├── 利润品
│   └── 关系品
├── 一、结合门店的规划与工位
├── 二、结合过往的数据和经验
├── 三、结合市场的现状与变化
├── 四、结合季节的变更
└── 五、结合客户的根本需求
    ├── 车型
    ├── 车龄
    └── 车主年龄
```

图 2-3-2　金牌店长科学规划产品的五个维度

第4节
在信息高度透明时代提升销售与成交技能
SECTION 4

业务型店长，会做产值是第一要职，店长要懂得销售，会销售。目标是在保证顾客满意度的情况下，把产值做上去。

为什么本节的标题加了一个前缀"在信息高度透明时代"？我相信很多门店都遇到过顾客拿着网上的价格来讨价还价，或者拿着网购的产品到门店帮忙安装的情况。现在信息越来越透明，顾客越来越专业，作为汽服门店的从业者，我们要比顾客更专业，专业到顾客买任何配件都依赖你帮他选择（无论是品质还是价格）；同时还要透彻了解各类产品的定价策略，如果是高度透明产品不要报高价（比如机油），而不太透明的产品或项目要保持合理利润，千万别一看网上有产品报价，就不敢报价。

销售是一个传递价值的过程，而并非纯粹卖个产品给顾客。能站在顾客的角度，了解他的需求，推荐品质和价格都适合他的产品和服务，这才是真正意义上的销售。

汽服行业五大销售成交技能如下。

一、建立信任

把"建立信任"放在首位，是因为一切的成交都是建立在彼此信任的基础之上。没有信任，或者信任不到位，顾客都会认为你只是想赚他的钱。

到底如何快速与顾客建立信任呢？与大家分享三个方法。

（一）用心洗干净每一辆车是建立信任的最快途径

汽服门店都喜欢拿洗车引流，因为洗车是高频刚需的项目，且服务成本相对不高，但洗得干净与否、用心与否却很容易被顾客看出来。

即使再小的项目，只要能一丝不苟地服务好，就能把信任感初步建立起来。

（二）满足顾客进店的第一需求

有些门店没有洗车业务，该如何与新顾客快速建立信任呢？解决方案就是尽全力满足顾客进店的第一需求，即顾客进入门店跟店内工作人员说的第一句话，比如："我的车有个灯泡不亮了""我的车要做保养了""我的车胎没气了"，等等。

遇到这种顾客，店内工作人员先解决他的第一需求。解决的结果最好能超出他的期望值，这样做顾客对门店的信任感会瞬间增加好几倍。

在帮顾客解决第一需求时，工作人员也可以快速帮顾客检查一下他的车况，如果有明显需要更换配件的地方，不妨直接提出来，但要注意店员的话术，只做提醒就好，不要显得太过迫切。

二、找准需求

一般专业的销售培训课程都会讲"挖掘需求",对汽服门店而言,顾客的需求不需要挖掘,只要检查到位,判断准确就可以了,针对顾客而言,需求一般分两类,显性需求和隐性需求。显性需求的定义是顾客自我发现的需求,比如洗车、更换轮胎、常规保养等;隐性需求一般是顾客没有能力发现的需求,比如换正时皮带、换火花塞等。

显性需求,对应的产品和服务的价格都比较透明,利润比较低,门店做好服务,薄利多销即可。

隐性需求是可以保证门店的合理利润的,因为店内专业人员发现了顾客没有能力发现的问题,这本身就是价值所在。再凭借店内团队的专业技能帮助顾客更换配件并解决问题,赚取合理的利润也属于正常现象。

当满足客户隐性需求时有两个度需要把握好:①隐性需求一定保证合理利润;②不是检查出来所有的问题都必须要求顾客当场更换,除非是不得不换且已经影响到顾客正常驾驶或安全行驶的配件,否则就挑重点先帮顾客更换,再留几个配件待日后再邀约顾客进店复查更换,前提条件是门店的服务顾问需跟进及时。

三、问题呈现

找准需求后,接下来的步骤是问题呈现。在这个环节要注意话术,说事实给建议即可。

四、介绍产品和服务

在介绍产品时，一定要把与更换这个产品配套的服务介绍进去，比如："王总，别看这个配件小，要更换这个配件，要拆很多东西，前后大概需要花费一个小时才能完工，比较费时费力，为了确保施工质量，只能启用大师傅，小师傅根本就搞不定，而大师傅的费用也要高一些，所以整体的费用就要高一些，望您理解！"

拿清洗空调蒸发箱这个项目来举例，现在市面上大多是三瓶装的空调蒸发箱清洗套装，虽然三瓶清洗剂没多少钱，但在清洗过程中的拆、清洗和安装都需要时间，并且过程中还会有一定的风险性，必须启用熟练的大工师傅。

这些要跟顾客说，让他们明确费用的出处。

五、适时成交

在销售过程中要主动要求顾客成交，否则就少了一个成交的机会。

成交前要从顾客角度问自己3个问题：

①顾客为什么要购买这个配件？②顾客为什么要在我这儿购买这个配件？③顾客为什么今天就要在我这儿购买这个配件？

问题一，4句话搞定：这个配件的作用是什么？更换的标准是什么？不及时更换的危害是什么？及时更换的好处是什么？

问题二和问题三，要学会帮顾客树立购买标准，要站在顾客的角度考虑问题。

举个例子。

"王总，这个刹车片在不在我们这儿换都没关系，假如你要到其他店更换呢，一定要注意三点：

"一是找一家比较专业的门店；二是最好换某品牌某材质的刹车片，这样比较适合你这个车型，就像我手上这款；三是给你更换的技师至少需要具备多年的工作经验且是经过严格培训考核后上岗的，这样能够确保安全。"

这里有一句话，很多老板或店长不敢讲，就是上面那句"这个刹车片在不在我们这儿换都没关系"，这可以让顾客觉得我们在为他着想。但大家有没有发现，所有标准树立的同时，其实就是咱们门店在做实力的展示。

上面的步骤完成后，最后一定要临门一脚，主动与顾客成交："王总，您看我们家也挺专业的，价格也合适，您就在我们这换得了，而且这两天这个刹车片厂家还在搞活动，换刹车片，送一些礼品，您运气真好，而且名额也有限，过了这两天就没有啦。"

最后这句话有两个目的：一是主动要求成交；二是抛出优惠活动，同时塑造优惠活动的紧迫性和稀缺性，目的就是刺激顾客今天就在你这边跟你成交付钱。

销售能力是一个合格店长最基础也是最重要的能力，好的销售人员不一定能做一个好的店长，但好的店长一定是一名好的销售。

第5节 初级管理技能

SECTION 5

古人云：天下大事必做于细，天下难事必做于易。要想快速具备管理思维学到管理技能也是一样，先从最简单的事情开始做，在这里我也建议所有对管理不太专业的店老板或店长，如果想成为一名合格的管理者，第一步要先学会分工。汽服门店核心部门就三个，分别是：前台、车间和配件，如果人数少的门店可以一人多岗，一人多职，但一定要明确。明确了岗位，接下来要做的就是忍住不插手，只随时做好检查即可。前期要允许员工犯错，发现问题再与他共同成长。

车间也一样，车间最主要的就是效率和终检，技术问题可以通过外援处理。如果车间师傅人不错，有责任心，能力也不错，那就可以让这位师傅来试着负责整个车间的生产进度以及设备安全维护和车辆交车前的终检等工作。当然，具体的情况具体设定，最终的目的就是要分工明确，且相对公平，还要做到人与岗位高度匹配，前提就是店长要充分了解岗位特性和准备匹配给的员工的特性，同时要充分尊重当事人的意愿。

第二步要用工作清单塑造行为，增强自我管理的能力，通过增强自我管理能力从而提升团队管理能力。众所周知，汽服门店的琐事特别多，作为店长，精力容易分散。作为店长如何确保每天把

80%的精力花在门店的经营上呢？答案是列清单。

工作清单要把店长每日、每周、每月工作重点列出来，特别每日工作重点列出来。什么样的工作叫重点呢？影响到门店的产值以及客户满意度的叫重点。

这里讲一个最简单的方法，先把每天的工作像记流水账一样从早晨开业到晚上打烊一件事不落地写下来，然后进行分析，每天大部分的时间都在做哪些事，每天你的时间花在哪里就一目了然了；再试着把第二天的工作计划写出来，然后做个分类，把该让员工做的分配给各个员工并标记出来，把该你做的圈出来以便第二天提醒自己，第二天工作时就拿着这个工作清单去安排；第二天工作结束后把当天的工作内容记录下来（即什么时间点做了什么事），再对照前天晚上写的工作清单，看看哪里需要调整。

用这个方法实践一周到两周，相信你的工作规划能力会有明显提高。

第三步要提升员工关怀和谈心能力。店长要提升管理能力，一定要学会员工关怀。做好员工关怀的前提是学会通过与员工谈心提高对员工的了解程度，只有对员工足够了解，才能更好地做好员工关怀，员工也才会相信你确实是很关心他。初级店长做好员工关怀可以有效降低团队管理的难度。

第6节
初级数据统计与分析
SECTION 6

要当好一名初级业务型店长还有一个前提条件：得学会抓取门店日常经营的关键数据，分析数据，并能通过数据分析发现门店经营过程中遇到的关键问题，再进一步根据问题提出解决方案。

数据就好比患者去医院做详细检查和化验得到的结果。

门店缺客户、缺产值等问题，背后的原因也有多种可能，只有通过数据分析才能找到根本原因。

店长应该掌握的三个数据。

（1）每月进店保养辆次（如果是一站式门店，那就按赢利项目分类统计）。

（2）每辆车的客单价（同样如果是一站式门店，建议分项目进行统计）。以快修快保店为例，针对每月进店保养辆次算一下每辆保养车辆的客单价。用进店保养车辆的总产值除以总保养辆次，就是进店保养车辆的平均客单价。进店小修大修的不算，因为小修和大修是不可预期的，保养是可预期的。

最好了解一下周边门店保养车辆的常规客单价，一定要分车辆档次去统计。如果普遍都低，说明门店的机会巨大。但值得注意的是在提客单价的时候要少提一些，可以在原来的基础上提个10%左右，最为关键的是服务质量一定要同步提高，至少要比周边好。

但如果你的客单价比周边都低，那就得好好反省了，如果计划提高客单价，千万不要一下提太多，可以先在原来的基础上提升20%左右，但同样你的客户体验和服务质量一定要跟得上，否则就会得不偿失。具体如何在保证客户满意度的情况下提升客单价，后面在高级店长内容里会详细讲解操作步骤和具体方法。

（3）统计一下你的重点客户回店消费的频次，可以一年统计一次，也可以一年半或者两年统计一次。这背后的数据意味着你有多少忠诚的老客户以及你客户的流失率是多少。这个数据收集有点难度，必须有专业的门店管理软件才可以，同时要确保门店将工单数据录入系统时的准确性。

作为店长，如果发现最近这段时间产值下滑了，可以去翻一下近几个月的经营数据并互相做对比，看看到底是进店量下滑了，还是客单价偏低了，不同的问题有不同的解决方案。如果是进店量下滑，那就得想办法获取新客户；如果是客单价下滑，就得抓好提高车间车辆点检渗透率和前台二次报价成交率这两项工作。

第 7 节
关于本章的一些说明
SECTION 7

一、初级店长一定要会修车吗

初级店长不一定要精通修车，但一定是一个问题解决高手。

理论上店长懂得越多越好，但每个人的时间和精力有限，每个人擅长的点也不一样，有些人擅长动手，有些人擅长动口，所以客观地讲，店长还是要偏服务顾问型的，即初级店长首先是一个合格的服务顾问。

店长虽然不懂修车，但对车型、车辆常见故障以及常用配件等必须熟悉，对于初级店长来说，会做产值，会与客户建立持久的信任关系，会管理员工才是最重要的，同时作为店长一定要具备很强的发现问题、分析问题、解决问题的能力。

用我自己的经历举例，当年 360° 全息影像产品刚流行的时候，安装这种产品难度很大，很容易出问题。

每次出问题，我都指望着技师能把问题解决掉。可很多时候，技师连找到问题的根结在哪里都做不到，更别谈解决故障了。迫不得已，只能我一个不懂技术不懂安装的人上了。到后来，我往往能发现核心问题，并想到最优解决方案或者协调外界资源来帮我判断或解决问题。

其实店长就是需要具备这样的能力，店长一定是第一时间能把问题背后的症结找出来的那个人，无论是靠自己的能力，还是借助外界更专业的能力。

作为一个初级店长，有些方面只能边做边悟，但前提是一定要积极投入、勤于思考，及时提升和纠正自己的观念和思路。通过各种方法把自己变为一个解决问题的高手，才有能力组建一个团队，经营一个组织。

二、初级店长到底如何管理好车间

门店人数不多的情况下（定义初级店长两个维度，一是店长的能力，二是门店的规模，10人以下的门店的店长可定义为初级店长），车间的管理一般涉及以下8个方面：

（1）卫生；

（2）技术；

（3）维修进度（即效率）；

（4）工具；

（5）设备安全维护；

（6）车辆维修完工后交车前的终检；

（7）车间三不落地规范；

（8）车辆点检渗透率与完成率。

有些门店的店长，将车间维修进度和终检以及车辆点检渗透率与完成率都揽在自己身上。那也是可行的，将其他几个管理细节安排给相应的同事做好就行了。

为什么车间维修进度都是店长来管理呢，因为中小门店的初级店长大部分的精力都要花在接待客户做产值上，大多数客户其实都是店长（即中小型门店老板）亲自接待，所以最终车间的生产进度还是初级店长负责。店长要做好自己精力的调配和团队人员的调配，不要将精力一味地耗在一些琐事上，毕竟作为初级店长是以做产值拓展客户为主责。

还有一部分店长的疑惑是这样的："我不懂技术不懂修车，不专业，导致车间很多工作都无法管理。"其实不然，这样的店长可以在车间安排一个技术比较强的技师与你配合。

三、老板与店长的正确关系

对于中小门店老板而言，建议要先做好一个店长。

如果老板不适合当店长，那最好的做法是在自己团队内部物色一到两个人，把他们培养成店长。

无论是老板还是店长，首先要学会分工、分责、分钱，其次就是老板或店长要以身作则，说到就要做到。

作为老板或店长，一定不要把员工的事情做完，最后导致员工无事可干，自己累得不行不说，员工对你还有意见。员工不会做没关系，店长或老板可以给他们安排专业的培训，或者手把手地教他们，帮助他们共同提升。

第三章

初级教练型店长

第 1 节
教练型店长是什么
SECTION 1

教练型店长这个级别是店长职场生涯中承上启下的关键角色，一方面是对初级业务型店长成长的进阶，另一方面也是成为一个合格的管理型店长的基础。管理者的一个最重要的职责就是要做好人才的培养，并想尽一切办法把人才留下来，而教练型店长就是要做好人才的培养与复制。

要想顺利成长为教练型店长，需要具备两个前提条件：第一个前提条件是业务型店长要在成长的过程中及时记录成长心得，并做好分类总结和提炼。比如针对管理的知识点和实践统一归类总结，针对营销的知识点和实践统一归类总结，针对销售的知识点和实践统一归类总结。

第二个前提条件是当你还是一名业务型店长时，必须培养一名称职的前台，帮你分担一部分产值指标。只有这样，你才会有精力转型成为一名教练型店长。

关于教练型店长还有两个重点工作：

（1）教练型店长毕竟不是老师，不是所有的内容都可以亲自去培训下属，但可以竭力为团队成员创造一个学习和成长的良好环境。

（2）面对员工，教练型店长需要更多地关注各个员工未来的可能性，而不是一味地去关注员工过去的错误或者是过去的水平。

所以，要想成为一名合格的教练型的店长，首先需要有管理理念上的转变，其次才是行动上的转变。

优秀教练型店长也有四个维度。

（1）教练型店长的第一职责是什么。

（2）教练型店长如何更好地记录学习成长过程中的点滴。

（3）教练型店长如何加强自己的培训能力，有效地做好员工培训。

（4）教练型店长如何加强自己的转训能力并有效做好转训。

虽然讲了很多人才培养的问题，但有一点需要强调：店长永远是门店业绩指标的第一责任人，对于门店的业绩一定要做到常抓不懈。

只不过作为店长，阶段不一样，工作的重心也不一样。业务型店长，更多的是冲在前面自己做业绩，以一己之力"养活"一家门店。但教练型店长更重要的是带领团队共同完成业绩，充分调动团队力量"养活"一家门店并推动这家门店的发展。这取决于店长对团队的架构能力和人才培养能力。

第 2 节
快速进入教练型店长的角色
—— SECTION 2 ——

教练型店长有两个重要职责：①新员工入职培训；②老员工在岗能力提升和绩效提高。

一、入职培训

（1）首先对新员工做充分的了解（行政人事的工作）。比如是哪里人、原来在哪里工作、兴趣爱好是什么、家里有几口人、擅长什么工作等，了解得越透，越能理解这个员工的想法，以及新员工对这份工作的期许。

（2）做好新员工的欢迎仪式，最好给他安排一个师父，让他进来后不至于太孤单，有个跟随和学习的对象。在组织行为学里有这样一个现象：一个新员工快速融入一个组织的最优做法就是先让组织中的其中一名员工先接受他，这就是师徒制的妙用。

（3）详细介绍门店可以让新员工对门店有个整体的认知，比如成立于哪一年，老板和团队的创业史，公司实力和经营理念以及过往所取得的成绩等。

（4）公司相关制度培训。如果有专门的人事行政部门，也可以让人事行政部门来做这个板块的培训，如果没有就由店长统一培训。

（5）生产流程培训。让新员工对门店的生产运营流程有个整体的认知，并让他理解他所在的位置的作用以及职责是什么，同时需要明确他的职位做到什么程度叫好，做到什么程度叫及格，做到什么程度算不合格。

（6）岗位职责培训。不同岗位的岗位职责培训要讲清楚，要少而精，不要多而全，把几个重要的岗位职责讲清楚即可。岗位职责最好是量化的、可衡量的、有标准的（岗位职责制定在后文中会有详细讲解）。

（7）相关岗位技能培训。如果是前台服务顾问，那就要重点培训客户接待流程以及客户销售与成交技能。如果条件允许，可以做完培训后，让新老员工一起做技能演练，只有把学到的技能在实战中不停地应用演练，才可以熟能生巧。

新员工的培训计划推进表，见表3-2-1。

二、老员工能力评估

一个优秀的团队和一帮优秀的老员工是门店最大的财富。

所以面对老员工，作为经营者一定要让他在你的门店得到能力和收入的提升，他才愿意跟着你继续干下去，这支团队才会越来越稳定和强大。所以在对待老员工上，要注意员工情绪和绩效分配，不要让老员工流失。

员工能力提升前要先进行老员工能力评估。就像车进到修理厂做车辆检查一样，每辆车检查出来的情况不一样，需要维修和更换的配件不一样。同样，每个老员工的能力不一样，薄弱环节也不一样，最终需要的学习内容和绩效改善方案也一定是差异化的。具体

表 3-2-1 新／老员工培训计划推进表

培训岗位	培训内容	培训教练目的	培训形式	培训教练	教练支持
前台接待	岗位职责培训	清晰定位，明确工作内容与做事标准	视频＋面对面授课（配合部分培店长课程内容）	店长／相关岗位优秀老员工	模拟演练加点评
	门店整体生产流程培训	整体流程熟知后才能更好地做好自己的工作配合整体	视频＋面对面授课（配合部分培店长课程内容）	店长／相关岗位优秀老员工	模拟演练加点评
	礼仪培训	前台是门店第一个与客户接触的，客户的第一印象需要员工的礼貌接待来支撑	视频＋面对面授课（配合部分培店长课程内容）	店长／相关岗位优秀老员工	模拟演练加点评
	汽车专业知识培训	如果是没有在这个行业做过的，那需要培训一些跟车相关的大众知识，如：车辆品牌、关键配件名称等	视频＋面对面授课（配合部分培店长课程内容）	店长／相关岗位优秀老员工	熟背
	接待流程及标准话术	标准的接待流程和话术，实现高效管理与客户良好体验	视频＋面对面授课（配合部分培店长课程内容）	店长／相关岗位优秀老员工	模拟演练加点评
	销售话术与成交技术	专业的销售成交技能提升产值保证客户满意的根本	视频＋面对面授课（配合部分培店长课程内容）	店长／相关岗位优秀老员工	熟背
	前台部门相关制度	确保相关前台部门遵守相关工作制度	视频＋面对面授课（配合部分培店长课程内容）	店长／相关岗位优秀老员工	熟背
	门店相关制度	明确门店相关制度，确保相关员工遵守执行	视频＋面对面授课（配合部分培店长课程内容）	店长／相关岗位优秀老员工	熟背
技师	岗位职责培训	清晰定位，明确工作内容与做事标准	视频＋面对面授课（配合部分培店长课程内容）	店长／相关岗位优秀老员工	模拟演练加点评
	门店整体生产流程培训	整体流程熟知后才能更好地做好自己的工作配合整体	视频＋面对面授课（配合部分培店长课程内容）	店长／相关岗位优秀老员工	熟背
	车间工作流程与制度培训	确保相关技师按车间标准流程生产，并遵守车间相关工作制度	视频＋面对面授课（配合部分培店长课程内容）	店长／相关岗位优秀老员工	模拟演练加点评
	门店相关制度	明确门店相关制度，确保相关员工遵守执行	视频＋面对面授课（配合部分培店长课程内容）	店长／相关岗位优秀老员工	熟背
配件采购专员	门店整体生产流程培训	整体流程熟知后才能更好地做好自己的工作配合整体	视频＋面对面授课（配合部分培店长课程内容）	店长／相关岗位优秀老员工	熟背
	配件主管的岗位职责培训	明确配件主管工作标准及职责和流程	视频＋面对面授课（配合部分培店长课程内容）	店长／相关岗位优秀老员工	模拟演练加点评

第三章 初级教练型店长

049

如何做，可以参照表 3-2-2。

在对员工进行评估的时候，要注意保持客观。当发现一名老员工工作没做好的时候，先说现象或者其平时所犯错误，再明确问题，最后再与当事人确认是否确实存在问题。

三、老员工绩效提升方案

评估员工的能力来找到问题，是后续帮助员工提高绩效的基础条件。针对不同员工的分析结果，作为店长要为每位员工制订出相应的能力提升方案。比如前台沟通和销售能力有限，店长可以根据前面业务型店长里讲的如何提升沟通能力和销售成交技巧的内容来进行培训，平时多进行演练，其沟通能力和销售能力就能得到大幅提升。

老员工能力提升后，要引导老员工学以致用，把学到的技能运用到提高绩效上。

为方便读者快速抓住重点，并有效践行，现把本节内容简单总结成图 3-2-1 所示的思维导图。

表 3-2-2　老员工能力评估表及能力与绩效提升方案

评估维度		主要问题表现	背后原因分析	能力提升方案	训练改善方案	绩效提升改善方案
态度		工作散漫 动不动抱怨、抱怨老板、团队、客户 工作上老是犯一些低级错误 工作没有责任心	工作态度有问题一般会有两种情况，第一种是有个人性格使然，第二种是绩效考核不合理，而基本是第二种情况的可能性会比较大	老板或店长需要找态度有问题的员工好好交流，一开始有可能员工不会跟你敞开心扉聊，但一定要想办法了解到员工的真实想法，这里面有可能是误会导致，也有可能是制度确实不合理导致，需要具体情况具体分析	如果是员工个人性格问题，人又无意愿改进，可以考虑辞退。如果是制度或者误会问题，则需要及时的沟通，及时调整相关的制度和政策	结合员工现状并谈好双方预期的结果，重新设定绩效考核方案，充分调动员工积极性，并随时关注员工的状态和时间的问题，并及时调整优化
知识		如前台接待的车辆专业知识缺乏	没有系统学习过车辆相关的专业知识	可以安排车间主管给前台接待的车辆相关的专业知识培训，如常见部件和常见故障等	学完后熟背加入考试	熟背
		如车间技师修车理论知识欠缺	没有认真学习过关于修车专业知识	可以报一下专业的修车专业培训班或者让老师傅带	主攻熟悉车型，或者先把八保养动作练到极致	考核与返修率、一次修复率、效率挂钩
		如配件主管配件知识欠缺	对于配件专业知识如常用配件名称以及常规价格等都没有学习，缺乏行业积累	可以通过平时工作的积累，或者多找一些配件销售做相关采访和调研	每个掌握五至十个配件知识相关信息	考核具配件准确率、时效性、准确性等
		如前台接待专业销售知识欠缺	没有接受过专业的销售理论知识培训	可以安排专业的销售培训，公司给团队相关成员提供专业的培训	可以分步骤学习，如先学习知识，再跟客户专业建立信任感	考核客户满意度，借助销售专业知识的开口率等
技能		维修技能	判断故障成因能力欠缺	多看、多学、多做、多总结，门店也可做自己的故障采集数据库	每天学习，总结一个车型的常见故障	考核学习结果并测试
		车辆快速检查技能	车辆检查速度慢，检查结果有疏漏	由车间主管或店长带领练习师孩习车检，做到细节检查部位全、结果准	每天保证进店保养车辆必检，并出具专业的结果报告	每天考核检查车辆次及准确性
		销售成交技能	与客户开口率低，客户关系建立能力差，高毛利项目或增项成交率低	专业的销售技能培训加后续持续演练	先学会卖贵的产品或项目，再逐步过渡到价格更高的产品价格	考核开口率、成交率和客单价等

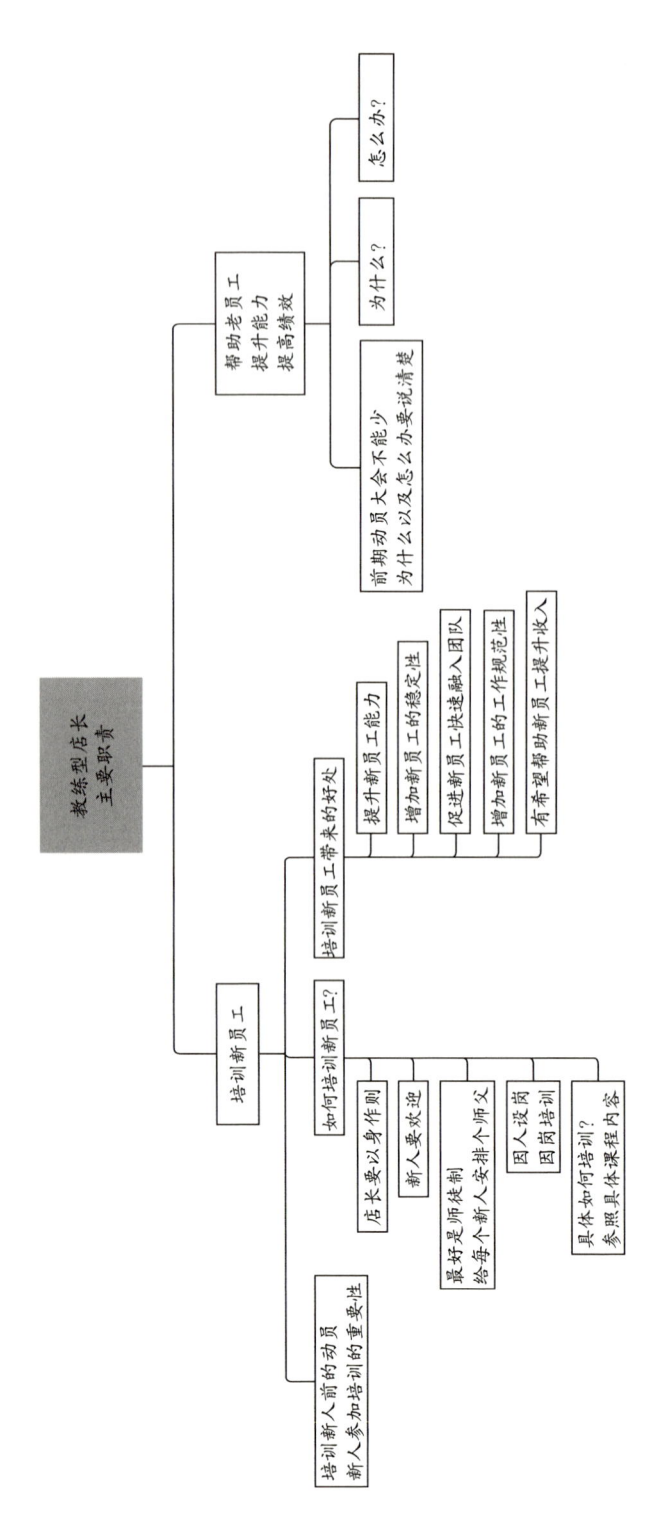

图 3-2-1 教练型店长两大主要职责概述图

第 3 节
不可忽视的培训能力
―― SECTION 3 ――

就我走访过的众多门店中，有培训能力和培训意识的老板或店长很少，有些门店错把开会当培训，开起会来就训员工，每个员工跟泄了气的皮球一样，个个目光呆滞，工作散漫。但对员工来说，引导和激励永远比训斥有效，说教和训斥只会招致对抗。

做好员工培训工作需要具备六大能力。

一、自我学习并对知识点及时记录并归类的能力

店长一定要有不断学习进步的意识，且要有目的地学习，即知道自己缺什么，有针对性地学习。

在学习的过程中，老板和店长也一定要学会记笔记，有些好的灵感或者发现要及时记录下来，一方面自己可以不停地复习巩固，另一方面也是我们培训新员工或新店长的好素材。在记笔记的过程中，一定要将知识进行分类，就像我们家里收拾衣服一样，夏天的衣服放一起，冬天的衣服放一起，既方便你找，也方便你用。同样，咱们学的知识点也是，具体如何分，可以参考图 3-3-1。

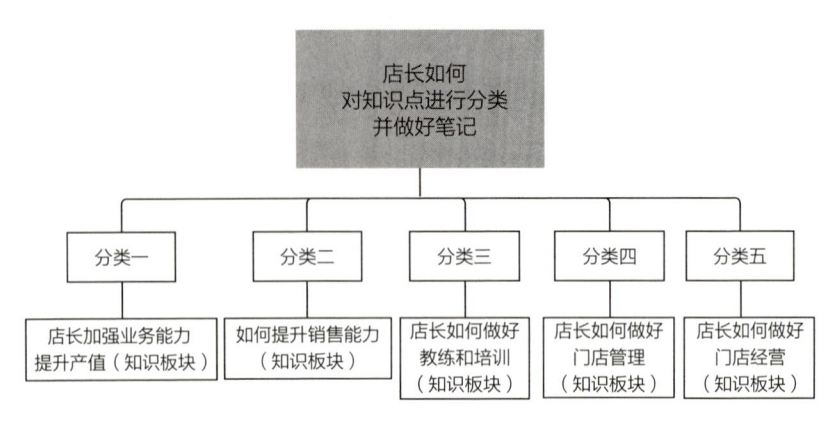

```
                    店长如何
                  对知识点进行分类
                   并做好笔记
    ┌─────────┬─────────┼─────────┬─────────┐
  分类一     分类二    分类三    分类四    分类五
    │         │         │         │         │
店长加强业务能力  如何提升销售能力  店长如何做好   店长如何做好   店长如何做好
提升产值（知识板块） （知识板块）  教练和培训    门店管理     门店经营
                            （知识板块）  （知识板块）  （知识板块）
```

图 3-3-1　金牌店长高效学习方法

二、课件成形的能力

店长做培训课件时，尽量一个课件解决一个问题，不要太杂乱。在这里分享一个做课件的简单逻辑框架（图 3-3-2）。

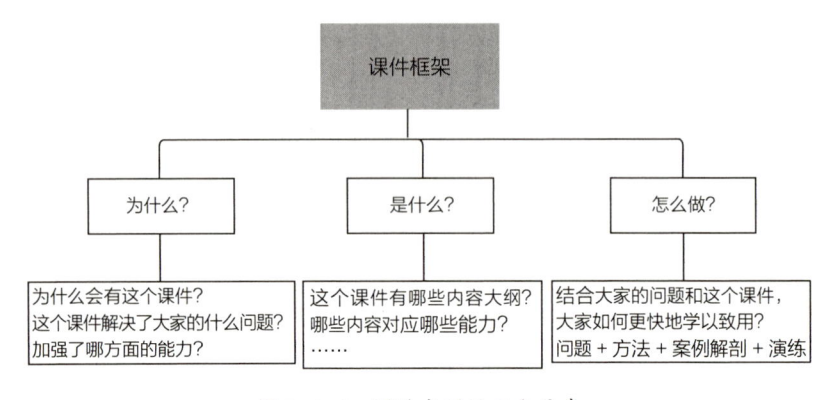

```
                    课件框架
        ┌─────────────┼─────────────┐
      为什么？        是什么？       怎么做？
        │             │             │
   为什么会有这个课件？  这个课件有哪些内容大纲？  结合大家的问题和这个课件，
   这个课件解决了大家的什么问题？ 哪些内容对应哪些能力？ 大家如何更快地学以致用？
   加强了哪方面的能力？  ……          问题+方法+案例解剖+演练
```

图 3-3-2　课件成型的三个要素

三、培训组织能力

培训组织能力，一方面是指组织大家一起学习，培养员工定期学习的习惯；另一方面是指有些培训课件不一定要自己讲，可以让优秀的主管或基层员工来讲。店长要帮助做分享的主管或员工形成自己的课件。

四、培训前的调研能力

在准备一场培训前，店长得明确地知道团队缺哪些能力，最好再问一下团队成员，觉得在哪些板块有哪些问题，对这些板块是不是有很强烈的学习欲望等。

五、课程规划能力

对于课程的规划，建议可以根据难易度做规划，从最简单的课程开始，一直学到最难的课程。千万不要上来就规划较难的课程，不然自己驾驭不了，别人也听不懂，对你的同事和你都是打击。所以从最简单的课程开始，一方面你作为培训者会有成就感，另一方面下属觉得一学就会，也会有成就感，这样慢慢就营造出一种轻松愉快的学习氛围。

六、持续的执行能力

内部培训一旦启动，就不要停。这是一件细水长流的工作，不会立即见效，但坚持下来，给你的门店带来的收益也可能是你无法想象的。持续的执行，持续的组织培训至关重要。

第4节 转训
SECTION 4

转训就是店长平时外出培训、学习，将学到的新理念、新方法或者公司最新的政策和业务策略，转教给店内员工。

一、转训之前要明确记录自己的所训内容

上节内容讲过，店长在外接受培训时，一定要做好笔记，同时要把笔记内容进行分类，这里不再赘述。

二、对所训内容结合门店自身情况及时加工

店长在外学到的内容、方法不一定适合自己的门店，所以在学习时，一定要理智判断，学会做减法，根据自身门店的情况来确定哪些内容可以转训。

三、如果内容多就分多次转训

这一点也要记住，千万不要一下子跟你的团队转训太多内容。你听完外面的培训课可能觉得这个方法好，那个方法也不错，恨不

得让你的团队一下子全部用上，但这其实是不现实的，一下子讲得太多，到最后团队一件没落实，还不如就讲两三点，辅助你的团队用心把好方法落实下去并得到结果。

四、转训过程千万不要抱怨自己的团队不行

有很多店长或老板回去转训时，总是说"你看看人家团队都很厉害，再看看你们，做得这么差劲"，这时员工内心就会反感，会认为店长永远觉得别的团队优秀，做得不好难道与店长没有关系吗？这样长此以往下去，老板或店长与团队成员容易形成敌对，不利于后续团队管理与团结。

五、转训前的内容一定要充分准备

在与员工分享转训前，一定要分析一下自己团队的现状，再结合本次所学内容进行筛选，哪些内容可以作为首批分享内容，哪些内容可以放在第二次或第三次分享等，要做好排序，将内容整理成体系化的，分好板块和等级，不同的阶段，分享不同等级的内容。分享后，要督促大家去执行，执行的过程中一定还会遇到问题，再回过头来分析问题，并进一步调整方向和方法，因为适合你的不一定适合别人，任何新思路都有一个实践和改善的过程。

第5节
做好一名教练

SECTION 5

教练型店长是业务型店长向管理型店长的有效过渡阶段。

想象一个场景，一个管理者，发现一名员工做错了事，作为管理者的第一反应是什么？大概率是批评或指责。心理学家约翰·戈特曼的研究表明，当批评变得普遍时，就会导致双方关系紧张，当我们跟员工关系变得紧张后就很容易走向对立面，最终导致难管理。

那如何使用"教练"的概念正确处理呢？应该跟员工一起探讨做错事的原因是什么，中间还有哪些能力是他缺失的。员工能力缺失的部分，作为管理者应该有效帮助他共同提升，并避免下次犯同样的错误，这样可以让员工对你更加信任。

作为教练型店长，应该耐心地培养不同人才出来：前台的人才、配件的人才和车间的人才，每个岗位都有得力的员工，后续的管理工作就会越做越轻松！

对于员工的培养到底该如何做呢？在这里简单跟大家分享一个方法，即工作教导四步法。

第一步：耐心告诉员工，这件事应该怎么做；第二步：给他示范正确的做法或说法；第三步：让员工示范一遍给你看，一遍不行两遍，直到熟练掌握为止；第四步：员工在岗位上时，店长时不时地去检查他到底应用得如何，中间有没有问题，如果有问题再及时帮助他改正。只有这样带出来的员工才能快速成长。

最后跟读者说个重点：教练型店长教育员工最好的方式是言传身教，其次才是培训。

第6节
如何培养帮手
SECTION 6

作为店长,一定要清楚自身的能力,强项带徒弟、弱项找人补。

很多老板在对门店人员的规划上都存在着一定的思维误区:

认为店长必须是全能的。其实真正意义上的合格的店长,不仅仅只是一个业务能手或技术能手,更重要的是要是一位管理高手。

业务出身的老板安排一个技术型店长;而技师出身的老板,找一个会做业务的伙伴来做店长以确保门店能顺利经营下去。

人无完人,如果要把门店经营好,还需要有团队协作的精神,发挥团队的力量。

店长也要培养自己的左膀右臂,所谓的左膀右臂就是一边是业务负责人帮你扛产值,一边是生产负责人帮你抓生产。

汽服门店管理看上去很复杂,其实最重要的就三个部门:前台、车间加配件,其中前台和车间更为重要。能力强的负责人,可以帮店长分担很多工作,店长才有时间和精力思考如何更好地做好门店的精细化管理和精细化运营。

培养合格的负责人可参照如下步骤由易到难来实施。

第一步,店长结合自身的优势先"复制"出一个"左膀"。

有些老板或店长是车间主任出身,那就结合自身的成长优势和专业优势,先培养一个专业的车间主任,把门店的生产做好;如果店长是技师出身，先培养一个优秀的技术总监；如果是售后服务经理出身，先结合自身的优势培养一个前台主管或者超级服务顾问。

如果店长既不是车间主任出身，也不是技师出身，更不是服务经理出身，对于汽服行业就是一个外行，可以参看第二步。

第二步，具备识别人才的能力。

无论是行业小白店长也好，或者是内行凭借自身的优势培养了"左膀"也好，面临自身不专业的领域，如何快速复制人才呢？

首先，内心中有合格的左膀右臂的画像，比如前台主管需要具备哪些能力和哪些素质，合格的车间主任是怎样的。其次，要清楚什么样的人放在什么样的位置，有些人是典型的技术型人才，就把他放到车间；有些人是销售型人才，就把他放到前台。

第三步，人才培养的能力。

作为老板或者店长，先把自己培养成专业过硬的人，再将能力复制给你的员工。也可以请外面专业的老师来帮助你提升培养人才的速度。比如技师的培养，一方面需要专业的老师，另一方面还需要时间来实践和积累。短期内，店长很难学得会，那就让专业的老师来辅助你。

店长也可以选一个具备车间主任潜质的技师，同时自己去学会如何当好车间主任并将此能力复制给这位潜力股技师。

第四步，留住人才的能力。

作为店长或老板好不容易把自己的左膀右臂培养出来，接下来最重要的一项工作就是留住你的左膀右臂。作为店长或老板要充分掌握核心人才的需求点，无论是工作上的还是生活上的，要想尽一切办法满足他的需求点。当然人的需求随着年龄层次不一样，是会动态变化的，所以作为店长或老板要时刻关心你的员工。

关于留住核心人才的做法，在后文会有详细讲解，这里不再赘述。

有些店长可能会想左膀右臂一定要自己培养吗？直接招聘可行吗？

总结多年的培训和辅导经历，建议门店的核心人才还是要门店老板或店长一步一步培养出来为好，这里面有3个原因：①要想招到合适的人才比较难；②即使招到这样的人才，也不一定能为你所用；③外聘的人才不一定能融入你的团队。

所以建议各位老板或店长，自己培养门店需要的人才，不仅可以倒逼自己不断地学习和进步，最为关键的是你辛勤培养出来的人才，与你的配合度也高，同时他对你的认可度和信任度也比较高，更便于后续的团队管理。

第四章

中级管理型店长

第 1 节
管理型店长是什么

―― SECTION 1 ――

管理型店长是本书最核心的一个级别，也是内容最多的一个级别，更是学起来最难的一个级别。建议各位读者千万不要着急，慢慢阅读并理解。

一、做一个中级管理型店长

这一节先讲管理型店长需要做哪些角色调整，为后续课程做一个铺垫。

（一）管理型店长的职责

管理型店长的具体角色和分工：

1. 产值第一负责人

店长不管做到什么级别，都是产值的第一责任人。

2. 门店管理者

作为一个管理者，要具备计划、决策、执行、总结的能力，涉及制度、人才、激励的问题，管理者就是"如何让别人把你想做的事做好"，而不是"自己把所有的事做好"。因此管理型店长要懂得如何分配、指导、监督、鼓励店员做好门店里的每一项工作。

3. 门店关系的协调者

管理型店长要具备超强的沟通协调能力，这一点在业务型店长课程里也有讲过，包括门店与员工间的沟通协调、部门与部门间的沟通协调、门店员工与员工之间的沟通与协调、门店员工与客户之间的沟通与协调。

4. 员工的教练

这一点详见教练型店长内容环节。

5. 日常工作行为的楷模

管理型店长最重要的工作就是帮助团队成员养成良好的工作习惯，并严格按照门店的行为规范开展日常工作。

（二）三个体系和一个核心（图4-1-1）

管理好一家门店的前提是如何做好自我管理，而辅助店长做好自我管理的最简单的方法就是整理一份《店长工作说明书》。

每个门店的情况不一样，店长的工作重点和内容以及工作节奏也都不太一样，建议每个店长结合自身门店的实际情况，参照表4-1-1制作一张适合自己的《店长工作说明书》。

表4-1-1 门店DIY店长工作说明书（范例）

岗位名称	店长	所属部门	运营中心	岗位编号	DIYDZ20210725001
直接上级	老板	直接下级	门店员工		
岗位概述	在门店或公司总体计划的基础上，分解、制订并执行门店销售计划，管理、辅导管辖门店及员工的销售工作，带领员工完成门店的销售计划和目标				
工作职责描述					
职责	描述				
制订销售计划	在公司年度计划的基础上，结合对门店市场需求的分析研究以及门店的历史数据，制订门店月度销售计划，并合理分解给各相关员工				
督促实施销售计划	分析并制订门店、销售人员具体的销售目标。督促、检查销售计划完成情况，出现偏差及时纠正，确保门店销售目标的完成及超额完成				
监督各部门按标准流程工作	特别是在流程改革初期，店长必须随时关注并检查各部门有没有按照标准流程来工作				
备注：门店经营发展的时期不同，职责的重点也不会完全相同，店长的职责重点需要跟着门店经营现状及时调整					

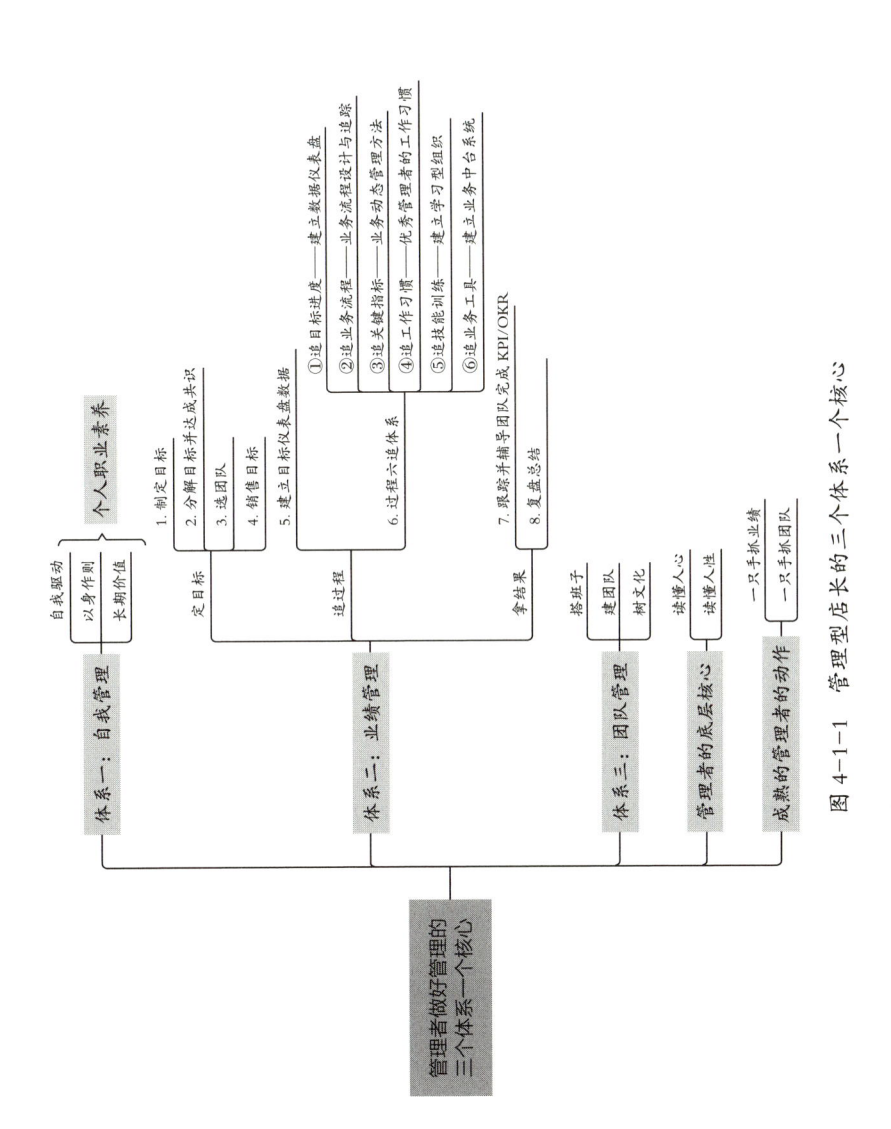

第四章 中级管理型店长

体系一：自我管理
- 自我驱动
- 以身作则
- 长期价值
→ 个人职业素养

体系二：业绩管理
- 定目标
  1. 制定目标
  2. 分解目标并达成共识
  3. 选团队
  4. 销售目标
  5. 建立目标仪表盘数据
- 追过程
  6. 过程六追体系
    ① 追目标进度——建立数据仪表盘
    ② 追业务流程——业务流程设计与追踪
    ③ 追关键指标——业务动态管理方法
    ④ 追工作习惯——优秀管理者的工作习惯
    ⑤ 追技能训练——建立学习型组织
    ⑥ 追业务工具——建立业务中台系统
- 拿结果
  7. 跟踪并辅导团队完成 KPI/OKR
  8. 复盘总结

体系三：团队管理
- 搭班子
- 建团队
- 树文化
- 读懂人心
- 读懂人性
→ 管理者的底层核心

成熟的管理者的动作
- 一只手抓业绩
- 一只手抓团队

管理者做好管理的三个体系一个核心

图 4-1-1 管理型店长的三个体系一个核心

067

二、管理型店长如何正确理解"管理"二字

对于"管理"二字的理解可谓仁者见仁，智者见智，但这里面有没有一些确切的核心内容？接下来将从三个维度与大家共同探讨和学习，其中有一部分内容借鉴了国内管理学研究大师陈春花老师的《管理的常识》这本书的内容。

（一）日常管理就是要让下属明白不同岗位的工作重点是什么

在我过往走访门店的过程中，经常看到门店老板或店长每日忙于他们认为重要的工作，但是对于门店员工应该做什么，对于每一个岗位应该做什么却从来不做安排。导致每个员工都是凭着自己对于这份工作的理解，凭着自己对于门店的热情和责任在工作，工作结果很难符合门店管理者的标准。

（二）管理是"管事"而不是"管人"

"管人理事"是大部分人对于管理的理解，即使是他们没有这样的概念，也会在实际的管理工作中强调对人的管理。但是很可惜，这个理解是大错特错的，也正因为我们如此理解，很多汽服门店一直处在"人治"的状态。而事实上人是无法被管理的，从人性的角度来看，每一个人都希望得到尊重而不是管理，而且每个人都本能地认为自己有自我约束的能力，所以就更不希望在平日工作里背后有个人指手画脚。

正确的做法是"管事"而不是"管人"，而管事的前提是门店管理者设定好门店重要工作的完成标准。举个海尔的例子，很多企业都曾要求门店做好服务，但大多效果甚微，而海尔就是从"管

事"的角度，设定了"星级服务"所要做的几件事情："三个一"（一双拖鞋、一块抹布、一块地毯）和一个服务效果追踪电话。每一个享受到"星级服务"的顾客，都能够很具体地感受到海尔的服务，同时每一个按照这个"做事标准"执行的海尔员工，也都能得到客户的尊重和公司的认可。

很多汽服门店都会做车间的 5S 管理，即让车间每位同事每晚结束工作后做好 5 件事：整顿、整理、整洁、清扫、提升素养。管理者更多的是让员工把这 5 件事按照既定的标准做好，在检查和督导过程中，对做得好的方面及时予以认可和尊重，对做得不好的地方及时予以纠正和整改。这样就能形成正向循环，直至员工养成良好的工作习惯。

明确各个岗位的员工职责以及执行标准，根据相应的岗位找到合适的人来做，基于事情完成的程度，反馈人的能力现状，通过教练思维帮助员工成长。

（三）衡量管理水平的唯一标准就是管理者能否让个人的目标与组织的目标合二为一

作为管理者一定要不断地关注和了解员工不同阶段的个人目标的变化，让组织目标得以实现的同时，其个人目标也能实现并提升。

管理者还必须能有效控制自己的情绪且保持情绪稳定，努力帮助他人改变工作情境、创造好的情绪、激发员工的动力。

三、请对传统的管理方法和手段说再见

汽服门店已然从过往的时代红利走向了管理红利。在向管理要效益的今天，店长需要从传统管理向高效管理进阶。

传统管理者与高效管理者是有区别的。在美国管理学大师彼得·德鲁克（Peter Drucker）先生看来，传统管理者专注于烦琐的事务，因为他们只是关心发生的事，所以这些管理者所有的时间都花在处理别人的事情上，简单地说，传统管理者的时间属于别人，这是传统管理者的第一个特征；传统管理者的第二个特征是：他处在什么样的岗位，就用什么样的思维方式来看待问题，比如他在车间可能就会按照车间主管的思维方式来看待问题，他在前台就可能会按照前台服务顾问的思维方式来看待问题，直接导致部门之间的不合作；传统管理者的第三个特征是：只专注于事务，忽略了对人的培养，他们总是认为没有人能够成长起来，下属总是不能够很好地完成任务。

高效管理者的第一个特征是：进行时间管理，高效管理其实是时间的管理。高效管理者能够确定事情的重要等级，合理安排工作顺序，每一件事情都能有序并合理地解决，而不至于被事情推着往前走。可以参照时间管理四象限法（图4-1-2），科学合理地安排工作。

高效管理者的第二个特征是：系统思考。门店是一个系统，是一个组织，只有认清个人和部门服从整体的时候，借助整体的力量，个人与部门才能发挥最大的效能。这就要求管理者即门店店长首先格局要高，同时内心要能装得下整个组织。

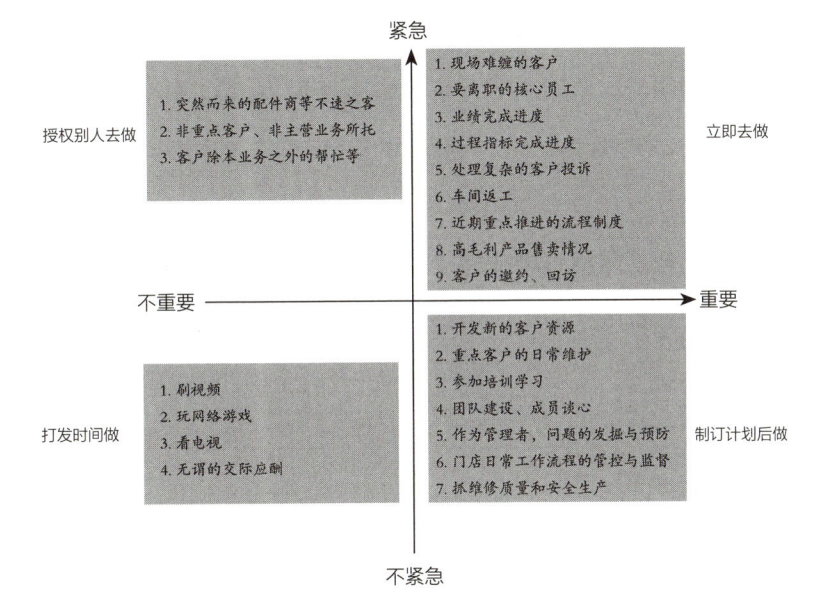

```
                            ↑ 紧急
                            │
┌──────────────────────┐    │    ┌──────────────────────┐
│1.突然而来的配件商等不速之客│   │  1.现场难缠的客户        │
│2.非重点客户、非主营业务所托│   │  2.要离职的核心员工      │
│3.客户除本业务之外的帮忙等 │   │  3.业绩完成进度          │
授权别人去做              │    │  4.过程指标完成进度    立即去做
└──────────────────────┘    │    │  5.处理复杂的客户投诉    │
                            │    │  6.车间返工              │
                            │    │  7.近期重点推进的流程制度│
                            │    │  8.高毛利产品售卖情况    │
                            │    │  9.客户的邀约、回访      │
不重要 ─────────────────────┼─────────────────────────→ 重要
                            │    ┌──────────────────────┐
┌──────────────────────┐    │    │  1.开发新的客户资源      │
│  1.刷视频              │    │    │  2.重点客户的日常维护    │
│  2.玩网络游戏          │    │    │  3.参加培训学习          │
打发时间做 3.看电视       │    │    │  4.团队建设、成员谈心   制订计划后做
│  4.无谓的交际应酬      │    │    │  5.作为管理者，问题的发掘与预防│
└──────────────────────┘    │    │  6.门店日常工作流程的管控与监督│
                            │    │  7.抓维修质量和安全生产  │
                            │    └──────────────────────┘
                            │
                            ↓ 不紧急
```

图 4-1-2　时间管理四象限法则（店长版）

高效管理者的第三个特征是：培养人才，对于人才的培养是管理者最根本的职责所在。如果可以让每一个成员成长起来，管理的绩效就可以被发挥。如果可以让每一个成员胜任职责，组织的效率就会提升。因而培养人是有效管理者的特征，比如及时培养出合格的服务顾问就非常重要。

四、让管理型店长成为解决问题高手的最强思维模式

很多老板或店长总是错把现象当问题，而导致这些现象背后的问题是什么却根本说不清楚。

针对这个情况特地总结了一句话给各位读者：透过现象找准背后的问题，确定最根本的问题是什么，在解决顺序上分清轻重缓急。

所有问题可以分为两大类：关键问题和次要问题，需要注意的是，关键问题与次要问题的评判标准是动态变化的，随着上一个问题得到解决，随着经营和发展阶段不一样，问题的属性也会随之发生变化。

如果发现的问题直接或间接影响到门店的产值、利润、客户满意度或员工满意度这四大门店经营目标其中至少一个，那就是重要且紧急的问题了，需要店长快速响应并及时予以处理。

作为管理者，遇到问题后首先要学会透过现象看本质，其次就是要会拆解问题，把一个大问题拆解成若干个小问题。如果拆解后发现有重复的问题，或者这个问题还会牵扯到另一个问题怎么办？这里给大家分享一个问题分析法则，即麦肯锡的 MECE 法则，这个法则简单说就八个字：相互独立，完全穷尽。在拆解问题的过程中，一定要拆到最小单元，并且所有问题都相互独立。

举个例子，请问你今天吃菜了吗？你今天吃青菜了吗？你今天吃 4 元一斤的名为"上海青"的青菜了吗？当我们把问题拆解到最根本单元时，很容易回答，也很容易解决。例子里的最后一个问题就叫完全穷尽的问题，这个问题一旦得到解决，后续再没有可被解决的问题了。

将以上内容总结为一幅完整的导图（图 4-1-3）。

本节最后有一句话与大家共勉：你找准了问题，这个问题就已经解决了一半！

第四章　中级管理型店长

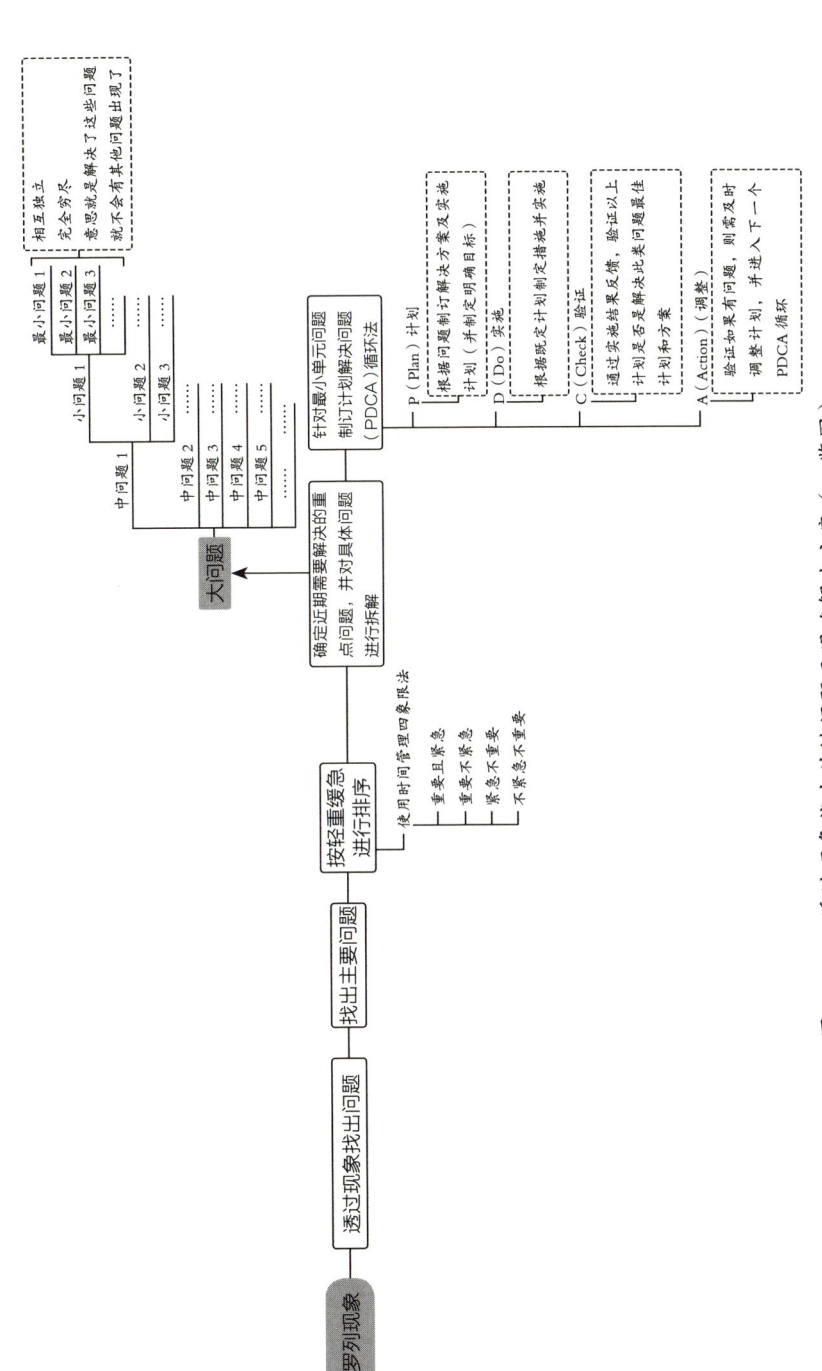

```
罗列现象 → 透过现象找出问题 → 找出主要问题 → 按轻重缓急进行排序 → 确定近期需要解决的重点问题，并对具体问题进行拆解 → 针对最小单元问题制订计划解决问题（PDCA）循环法
```

按轻重缓急进行排序 — 使用时间管理四象限法
- 重要且紧急
- 重要不紧急
- 紧急不重要
- 不紧急不重要

确定近期需要解决的重点问题，并对具体问题进行拆解 → 大问题
- 中问题 1
- 中问题 2
- 中问题 3
- 中问题 4
- 中问题 5

中问题 1 → 小问题 1、小问题 2、小问题 3
小问题 1 → 最小问题 1、最小问题 2、最小问题 3

- 相互独立
- 完全穷尽
- 意思就是解决了这些问题就不会有其他问题出现了

针对最小单元问题制订计划解决问题（PDCA）循环法
- P（Plan）计划：根据问题制订解决方案及实施计划（并制定明确目标）
- D（Do）实施：根据既定计划制定措施并实施
- C（Check）验证：通过实施结果反馈，验证以上计划是否是解决此类问题最佳计划和方案
- A（Action）调整：验证如果有问题，则需及时调整计划，并进入下一个PDCA循环

图 4-1-3　透过现象找出关键问题及明确解决方案（一览图）

073

五、管理型店长必须了解管理与经营的关系

（一）经营第一位，管理第二位

对于一家门店或一家公司而言，经营是定方向定战略，在计划开一家公司或开一家门店前期，经营一定放在首位。比如开一家汽服门店，前期我们得确定开在什么地方、以哪些项目为主、经营策略是什么，等等，这就是经营。当一家门店真正开起来，开始正式运营后，才会有管理。门店发展的时期不同，经营策略也会有一定改变，导致每一阶段管理的重点也会不太一样。

（二）管理水平不能超过经营水平

经营好比掌舵，管理好比划桨，如果经营上制定的方向有问题，管理做得越好，越是致命的。就像去北京，如果从南京出发的话，大方向肯定是往北，但如果判断失误，往南走了，那走得越快，离目的地就越远。同样，如果我们的经营策略有问题，在执行经营策略时，执行得越到位，可能门店的损失越大。

（三）一部分管理动作必须由经营方向来决定

举个最简单的例子，比如一家门店附近居民消费能力比较强，而该店工位数又不多，在经营上就要重服务、重品质、少数量，同时把客单价做大。在管理这个店的时候，没有必要招太多的人，只需招优秀的少量人才进入。

（四）管理就是确保团队按既定的方向把事做正确

比如经营上选择薄利多销的时候，管理上就要选择成本管理和规模管理，即把流量做大，把客单价做低。如果经营上选择一分钱一分货的时候，管理上就要选择品质管理，如注重客户体验、服务流程和态度、所用配件和品牌等。

总之，经营能力就是选择做正确的事，管理能力就是把选出来的正确的事情做正确。

当一家门店在管理上没有任何问题，但业绩依然还不理想的时候，不妨看看该门店的经营方向上有没有问题。

第 2 节 管理型店长的职责
SECTION 2

一、管理型店长的六大重要职责

（一）培养人才能做事

在培养人才这项工作上已经无须多言，在前面教练型店长内容里已经讲了很多了，在这里强调两点：一是在招聘阶段就要严格把关；二是注重人才培养，不要先给员工画大饼。

（二）激励团队做好事

在激励团队前，店长一定要先将工作合理分配，配合及时的指导、有效的监管，以及及时地给予员工鼓励，否则激励无从做起。

（三）死盯流程不能乱

严格的生产流程对于提升效率和后续检查工作非常重要，在盯生产流程的时候，店长一定要善于发现流程中隐藏的问题，并做到及时优化和调整。

（四）咬紧目标不放松

完成目标对于店长而言是日常经营门店过程中必不可少的重要一环，一定要紧紧围绕着每月指标不放松。而且作为店长不单单自己要咬紧目标，还要带领全员咬紧目标，只有带着强烈的目标感，才有可能实现目标。

（五）客户服务要到位

作为店长，平日里可以不参与接待客户，但一定要出现在工作第一现场，观察员工对客户的态度，当前台都比较忙的时候，店长也可以临时帮助服务顾问，处理一下客户比较紧急的事情，要重视客户对服务的满意度。

（六）确保利润牢记心

不要一味地追求高产值，有时高产值并不一定就代表着高利润。管理型店长一定要时刻关心和计算利润是否在合理范围之内。

管理型店长最终就是为了实现门店的四大终极目标：①员工满意度目标；②客户满意度目标；③产值目标；④赢利目标。

当作为店长的你在为门店很多琐事忙得不可开交的时候，不妨停下来想想现在做的所有工作是不是都围绕着这四大目标展开的，如果不是，那就要思考一下哪些工作是可以不做的，哪些工作是可以分配给相应的同事去做的，哪些工作是可以安排下属做的，当然能对手头上的工作进行正确的轻重缓急排序那更加好了。

二、管理型店长第一职责是什么？如何有效履行

业务型店长的第一职责是做产值；教练型店长的第一职责是人

才培养；管理型店长的第一职责是通过日常的管理确保门店健康、有序、高效地运转。

（一）店长的自我管理意识

在过往辅导和调研门店的过程中，发现很多门店店长管理没做好的最根本的原因是店长自身缺乏自我管理意识；而做得好的门店，店长总是能够基于既定的规则发挥主观能动性把事情做好。这背后的核心要素就是店长的自我管理意识。

举个例子，有一家门店，老板是技术出身，后来逐步通过学习和提升把门店经营得有模有样，紧接着开了第二家门店。这时他发现第一家店无法有力执行政策。我看了一下他的团队，员工还不错，我有些困惑，但深知其中必有原因。后来跟老板聊天发现他每次制定新的规则和制度的时候，员工都照做照执行，可后来自己又去打破前面制定的规则。

久而久之这位老板就失去了权威，每次老板制定新规则制度让员工执行的时候，员工就会想：这又是老板一时兴起，自己都不照做，过两天肯定又不会推行了。找到这个原因后，老板就将"要想管理好团队先管理好自己"这句话深深刻在脑海中，同时也越来越注重自我管理。

作为一店之长，首先要做的就是以身作则，逼着自己养成良好的工作习惯，这样才有可能把团队带得更规范。

（二）团队的管理

管理型店长只带领团队做到 3 点：①带领员工把事情做正确；②通过管理让员工知道每天这么多工作的优先级顺序排序；③通过管理让员工明确地知道门店不同的阶段的工作重点是什么，让员工第一时间把最重要的工作完成。

第3节 搭架构、定职责、捋流程、强执行

SECTION 3

一、如何通过明确组织架构开启管理型店长高效管理之路

在《组织行为学》这本书里给出了关于组织结构的定义：组织结构界定了对工作任务进行正式划分、组合和协调的方式。管理者设计组织结构时，必须考虑六个关键因素：工作专门化、部门化、指挥链、管理幅度、集权与分权以及正规化，具体见表4-3-1。

组织架构图就像作战地图一样，门店有几个人，每个人分别在什么岗位上，组织架构图拿出来一目了然，见图4-3-1。

门店人员安排是否合理，组织架构图一画就很明确了，而且标准的组织架构图是一家门店或公司迈向正规化管理的第一步。

表4-3-1 与设计恰当的组织结构有关的关键问题和答案

关键问题	答案
1. 把活动分解成相互独立的工作岗位时，应细化到什么程度？	工作专门化
2. 对工作岗位进行组合的基础是什么？	部门化
3. 员工个体和群体向谁汇报工作？	指挥链
4. 一名管理者可以有效率、有效果地领导多少员工？	管理幅度
5. 决策权应该放在哪一级？	集权与分权
6. 规章制度在多大程度上指导员工和管理者的行为？	正规化

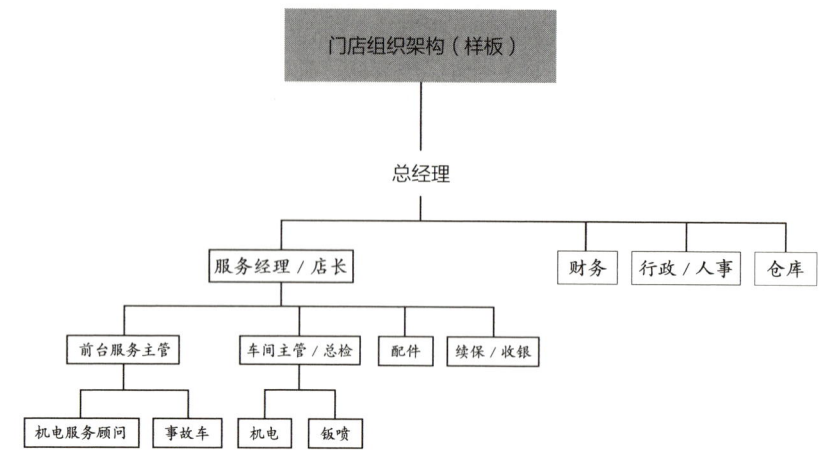

```
                    ┌─────────────────────┐
                    │ 门店组织架构（样板） │
                    └──────────┬──────────┘
                               │
                           ┌───┴───┐
                           │ 总经理 │
                           └───┬───┘
         ┌─────────────────┬───┴──────┬──────────┬────────┐
    ┌────┴─────┐       ┌───┴───┐ ┌────┴────┐ ┌───┴───┐
    │服务经理/店长│     │ 财务  │ │行政/人事│ │ 仓库  │
    └────┬─────┘       └───────┘ └─────────┘ └───────┘
  ┌─────┬┴────────┬──────┬──────┐
┌─┴──┐┌─┴────┐ ┌─┴──┐┌──┴──┐
│前台││车间主管│ │配件││续保/│
│服务││ /总检 │ │    ││收银 │
│主管│└──┬───┘ └────┘└─────┘
└─┬──┘   │
 ┌┴──┬────┐  ┌─┴──┬────┐
│机电││事故│  │机电││钣喷│
│服务││ 车 │  │    ││    │
│顾问││    │  │    ││    │
└───┘└────┘  └────┘└────┘
```

图 4-3-1　汽服门店组织架构（样图）

二、如何通过明确员工岗位职责来规范员工行动标准

一家门店光知道如何正确搭建店内组织架构图还不行，组织架构图中每个节点的人员的岗位职责也要明确。

岗位职责是指导每位员工每日每周每月的工作重点的，店长可以此来规范员工的行动标准。同时门店内部生产出问题时，还可以针对问题分析到底是哪个环节哪位同事出现纰漏，出现问题的主要原因大概率是这位员工没有充分履行其岗位职责。

但在设定岗位职责的过程中，门店一般容易出现以下三类错误。

（一）岗位职责太过烦琐，对岗位职责没有明确分类和重点突出

表 4-3-2 是一家门店制定的有关岗位职责的真实案例，职责烦琐不堪且没有被量化，这种岗位职责一般员工也记不住，更别说执

行了，即使员工想去执行，也不知道执行到什么程度才算好，就是做做样子而已。

表 4-3-2　烦琐且无效的岗位职责（实际案例）

部门	岗位	职责
售后服务部	服务部经理	1. 制订及达成本售后服务计划和指标 2. 计划、组织、引导并控制所有维修管理行为 3. 促进和监控预约系统 4. 监控顾客满意度报告和趋势 5. 将顾客满意情况告知维修人员 6. 监控投诉解决情况 7. 监督保修、商誉服务案例 8. 通过质量控制检查，反馈报告和投诉监控工作质量 9. 培养业务关系 10. 设定市场战略，目标锁定新兴行业和大宗客户 11. 对市场竞争者、市场条件和推广活动可行性进行分析 12. 开发创新维修服务 13. 对关键业绩指标（生产力、效率、工时利用、毛利、零件销售/维修工单、工时销售/维修工单）和经费进行分析 14. 向公司或总经办提交月度业绩报告 15. 提供齐备的工具、设备和顺畅的工作流程，从而保证高效的维修操作步骤 16. 定期召开服务部内部沟通协调会 17. 制订年度员工培训目标，监督培训计划完成情况，指导提升部门员工的技能和知识，对本部门员工进行日常考核 18. 建立以业绩和顾客满意度为基础的激励体制

（二）岗位职责太过简单或者没有明确的岗位职责

岗位职责写得太过简单，员工不知道自己应该做什么、做到什么程度。每次出问题还是找不到关键负责人，只能店长独自来承担责任，关键问题就是岗位职责不明确。每次店长或老板安排工作的时候，就是随机安排有空的人来做，这样会导致员工没有责任心，反正是临时帮忙，做得好不好无所谓。另外在工作出现问题时也无法追责，因为每个事情的背后没有相应责任人，如果所有的责任都等着店长来扛的话，到最后店长就等着后面到处善后了。

（三）岗位职责从来不去优化，永远是几年前定的那一套

门店发展的阶段不一样，每位员工的岗位职责也会有不同程度的变化。比如说前台服务顾问的岗位职责，一家店新开业的时候，前台顾问一定要以多拉客户进店为主要职责，要以"流量"思维为主；当门店经营的年限达到三到五年时，此时的门店是不太缺流量的，前台相应的工作就应该是考虑如何更好地服务客户，确保客户的忠诚度与回头率，就要以"留量"思维为主了。

店长除了要定好自己的岗位职责，还要把各个部门主管的主要工作职责制定出来（表4-3-3）。店长要检查下面的主管和员工岗位职责有没有按标准履行到位。

店长应把主管的岗位职责进行有效排序并打印出来，每天工作时放在手边，可以让主管时刻提醒自己，也方便店长检查督导主管是否符合岗位职责工作的标准。

同样，主管也要帮助下属员工把岗位职责进行有效排序，并打印出来放在手边，可以让员工随时自我检查和自我校正，同时主管也可以检查下属员工有没有按照制定好的岗位职责有效开展工作。

各位店长在制定岗位职责时一定要注意四点：

（1）不要一下子制定很多的岗位职责，恨不得员工明天上班前就能学会，每个阶段就重点推行三到五个重要的岗位职责，再多员工会忘记，执行效果也会很差。

（2）帮助员工制定好相应的岗位职责后，作为店长一定要不定期地检查和督促员工有效执行，一定要帮助员工养成良好的工作习惯，只有这样培养出来的员工才能被你所用。所以为了长远考虑，

表 4-3-3　店长关键工作明细

业务流程管控					业绩管控		客诉管理		行政人事工作	
	服务顾问主管	客户回访	车间主管	配件管理	业绩过程管理		客户投诉处理		行政人事常规管理	
岗位职责执行程度	岗位职责执行程度		岗位职责执行程度	满足需求率：种类、准确、适配	确定月目标产值		设立客户投诉渠道（电话、微信）		规章制度建立、监督实施，包括考勤制度、会议制度等	
服务顾问服务标准执行程度	监督服务顾问例行回访（三天内）		施工效率、质量、标准执行程度	价格适度	目标产值分解		建立客户投诉处理机制及流程		人事工作：各岗位满足、人员储备、人员动态	
服务顾问服务流程执行程度	一周内专职客服回访		维修师傅工作流程执行程度	送货速度及时	相关人员认领		逐级受理（第一受理人、第二受理人）		后勤保障，为各业务生产流程提供充分的保障	
服务顾问业绩完成率	店长随机抽查回访		按时交车、一次修复、返工率	质量保证	服务顾问每周业绩计划		无论是什么情况的客诉，店长都应作为第一知情人，但不能作为第一受理人		行政主管部门的对接：如行政制度执行等	
			安全生产管控	配件商的管理维度：索赔率，是否影响到维修质量，是否影响到按时的交车工期	夕会对每日目标完成情况分析并制订改善计划				安全生产管理：劳动纪律、安全隐患预防及排除、操作规范等	
			增项	质检	第一周周会对个人及整体业绩完成情况分析，并制订改善计划				员工福利：休假等	
			施工规范	设备管理					薪酬绩效实时优化等	
				技术培训	第二周周会对个人及整体业绩完成情况分析，并制订改善计划				员工思想工作疏导	
					店长重点关注第三周会对个人及整体业绩完成情况分析，并制订改善计划				员工关怀	
					最后三天动员全员冲刺业绩					

前期多花点精力和时间培养员工的工作习惯是至关重要的。

（3）在制定岗位职责时，如果是比较成熟的门店确实需要制定得更具体和明确一些，制定越细，分类越明确，越有利于后续团队的执行与考核（图4-3-2）。

（4）先定性、后定量。定性就是确定做什么事，定量就是确定做到什么程度或者做到什么尺度，最好能以数字的形式进行量化，也只有量化才能被有效考核。

岗位职责定位好后，店长还需要做一件事，就是结合门店不同的经营时期，对各岗位员工的关键职责进行重新排序，比如不成熟的门店团队，前期一定是以培训学习、演练和考核为主，成熟的团队一定要考核关键KPI（比如说业绩完成指标、客户满意度等），甚至新人成长也可以纳入对老员工或者部门主管甚至店长的考核。

三、如何设定并管理好门店流程以降低出错提升效率和产值

如果组织架构完善和岗位职责明确对于管理型店长而言是点状工作，设定标准化流程这一举动就像是一根线，将组织架构和岗位职责的效用串联起来从而发挥巨大的价值。

行内人都知道，表面上开一家汽服门店门槛很低，但门店日常经营的过程中，琐事比较多，真正要经营好一家汽服门店，部门与部门以及同事与同事之间必须有效配合和协调，能做到这一点的核心就是重视汽服门店的生产流程。

都说同层次思维解决不了同层次的问题，就汽服门店的生产流

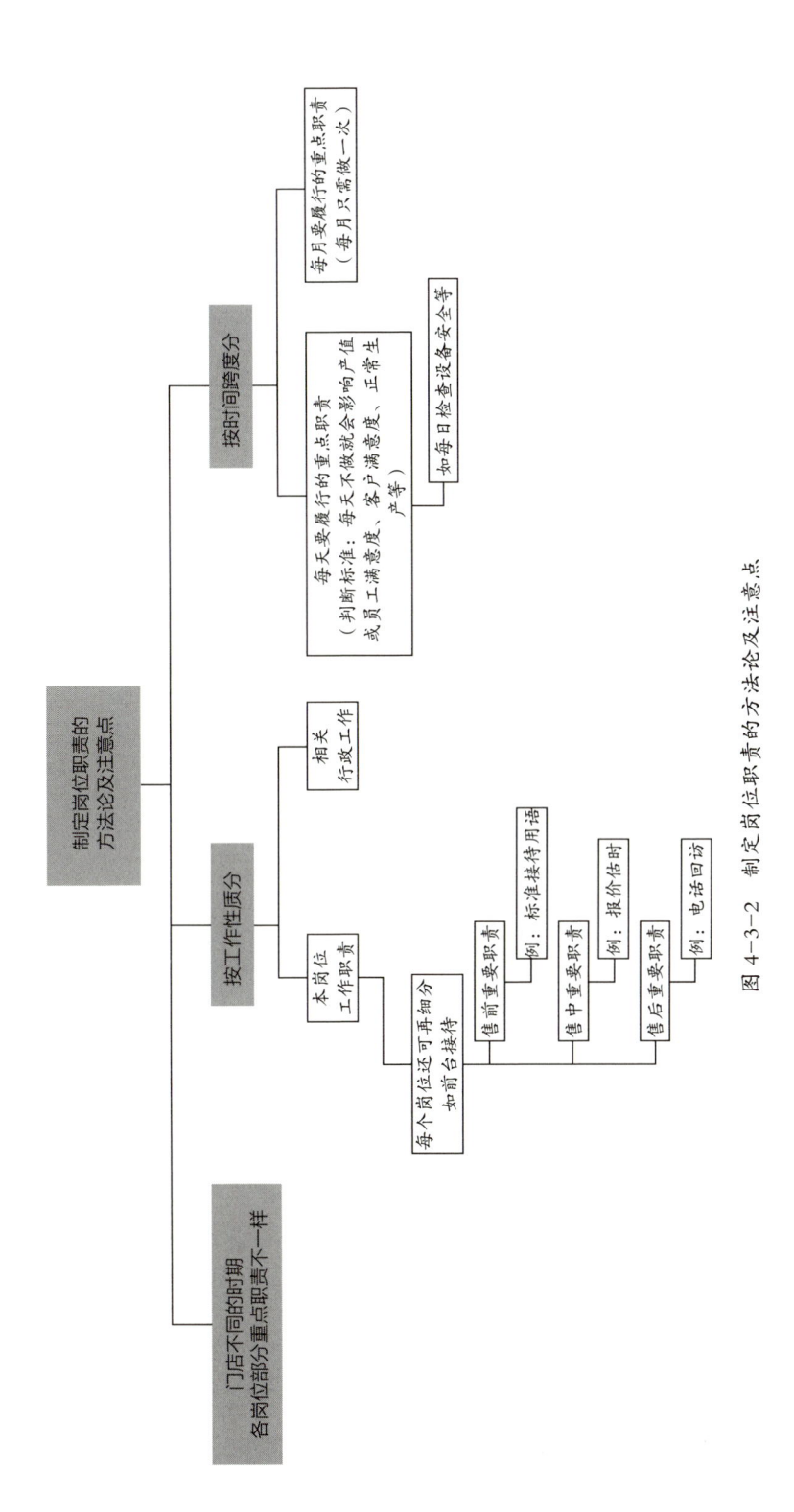

第四章 中级管理型店长

```
制定岗位职责的          按时间跨度分 ┬─ 每月要履行的重点职责（每月只需做一次）
方法论及注意点                     │
                                   ├─ 每天要履行的重点职责
                                   │  （判断标准：每天不做就会影响产值
                                   │   或员工满意度、客户满意度、正常生产等）
                                   │
                                   └─ 如每日检查设备安全等

              按工作性质分 ┬─ 相关行政工作
                           │
                           └─ 本岗位工作职责 ─ 每个岗位还可再细分
                                               如前台接待 ┬─ 售前重要职责 ─ 例：标准接待用语
                                                          ├─ 售中重要职责 ─ 例：报价估时
                                                          └─ 售后重要职责 ─ 例：电话回访

              门店不同的时期
              各岗位部分重点职责不一样
```

图 4-3-2 制定岗位职责的方法论及注意点

085

程而言，如果一直站在单店的思维层次上永远看不清看不透，此时如果升一个维度或层次，将汽服门店的生产经营流程与一家生产型企业的流程进行对标，再回过头看汽服门店的生产流程，就简单了。

对标工厂而言，汽服门店车辆进店表示来订单，车间维修保养需要用到相应的配件，对标采购相应的半成品或原料，半成品或原料来了后需要深加工成成品，同样在汽服门店配件到了后技师们要组装调试，最终组装调试成功后，再交付给车主，这就是成品；区别在于工厂交出去是一个成品，而汽服门店交付出去的是经过维修保养过的车辆，同时交付和呈现给顾客的还有相对的售前、售中和售后的服务。

汽服门店如果不建立标准化的流程，很容易造成店内人员忙的忙死，闲的闲死。最典型的例子是很多修理厂前台能力比较强，自己接来客户，除了与客户沟通，配件询价采购、车间跟单、技师协调、进度跟踪等也都一起干了。导致这种结果的最大原因就是店内没有一套合理且明确的生产流程。

具体的流程的设定，见图 4-3-3，大家可以结合自身门店的情况制定自己门店的生产流程。

制作流程图的时候，一定要把每个环节的部门名字或者人的名字写上去，这样有利于每个人了解自己的岗位职责。每个环节都要有一个"第一责任人"，千万不要出现有些环节貌似大家都在做，但最终没有一个人为之承担责任。

尽量不要出现同一个人兼顾多个流程节点上的工作，这种情况下再优秀的员工也会出现工作不力的情况，因为他的时间和精力都被分散掉了，看着每个环节的工作他都有能力做好，但由于时间和精力的原因导致工作上问题百出。

第四章　中级管理型店长

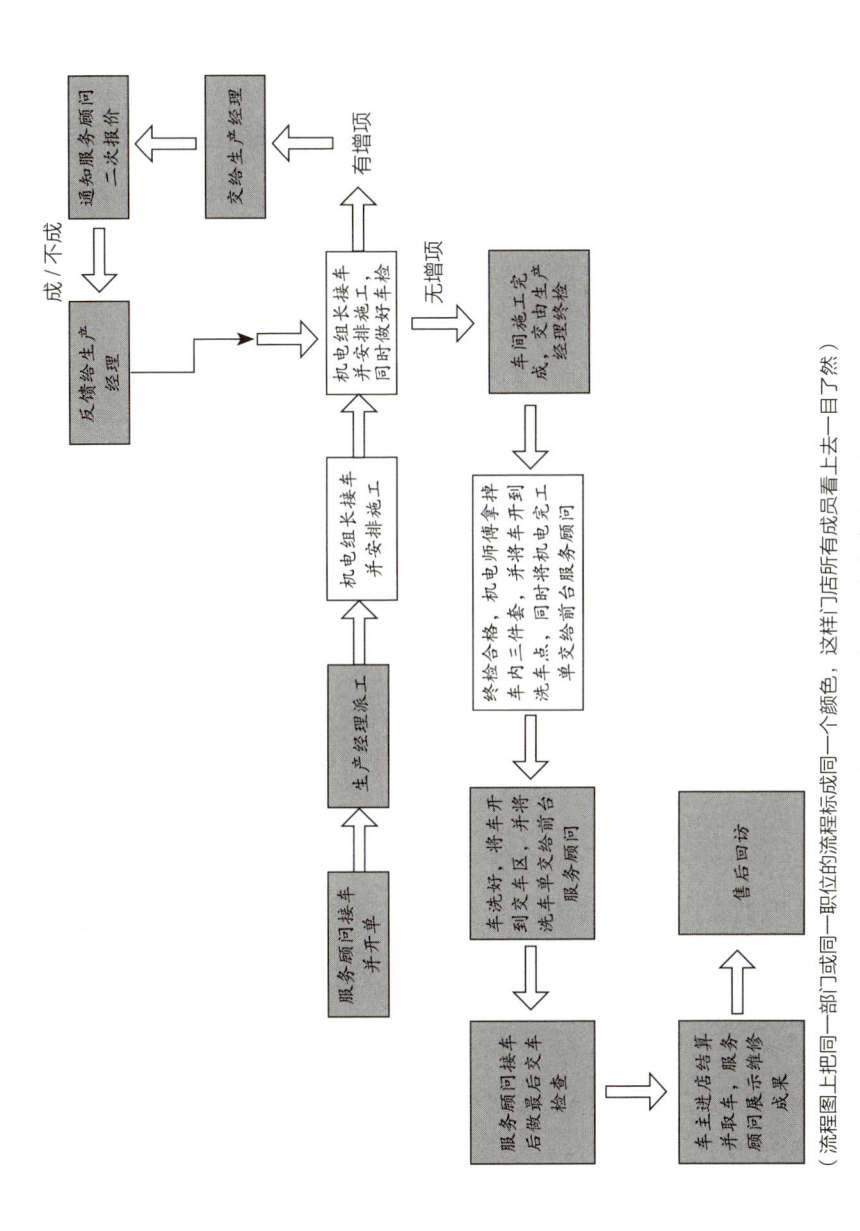

图 4-3-3　汽服门店生产流程图

（流程图上把同一部门或同一职位的流程标成同一个颜色，这样门店所有成员看上去一目了然）

087

其实无论是组织架构，还是岗位职责，甚至包括现在的生产流程，虽然不是什么大招，但对于一个门店的长远和稳固发展而言是至关重要的，更像盖房子前打下的地基一样，这三项工作做得越牢靠，地基越稳，门店后续发展和壮大也越快速。

所以建议各门店店长前期一定要把这些基本功学以致用，并持续有效实施。当然这些工作也不可能一蹴而就，需要店长带着下属不断地尝试，不断地沟通，不断地调整。

新流程开始实施的时候，店长要以身作则，同时也要随时关注各个部门各个同事的反馈，看看到底是下属不愿意改变现状，还是确实流程中存在着问题。因为人们总是在习惯中找舒适和安全感，作为管理型店长一定要挑选几个店内意见领袖带头适应新流程，以带动更多的员工参与到适应新流程的改革中来。

坚持执行2个月，后续基本就可以形成一套标准的流程执行下去。

店长除了要规范门店的整体生产流程，还要关注每个岗位上员工个人的工作流程，因为每个员工的工作流程串联成了整个门店的生产经营流程，在实施中很容易因为个人的工作流程环节没有做到位，影响到门店整体的生产经营流程。

有些门店会把服务顾问的工作职责细化成八大流程或者六大流程，这就是一个很好的做法，因为员工的工作流程细化得越到位，对员工的培训和工作检查就越好做。如果一位下属最近工作老是出问题，那就说明他对这个岗位上的某个环节或者某几个环节的流程没掌握好。此时，参照详细的岗位流程用排除法就可以很清晰地分析出来他在哪些环节做得不好，只有很明确地帮他发现问题点在哪里，店长才能很好地帮助该下属更好地提升技能。

四、管理型店长如何制定门店管理规范并以身作则，确保门店管理逐步规范化

前文内容主要讲了门店流程的重要性以及如何打造自己门店的生产和服务流程。流程对内虽然枯燥，但对客户而言就是高效、高品质的服务以及全体成员的专业性……会给车主留下深刻的印象：效率高、服务好、专业度高、值得信赖等。

但光有流程还是解决不了门店日常经营管理的问题，还需要由"线"到"面"。

所谓的"面"就是门店店长根据前文所讲的点的明细用表格和图文的形式表现出来形成门店的日常管理规范，本书以店长职责为例准备了一张《店长工作说明书》（表4-3-1）。

其他岗位也同样按照范例图表来做就可以了，但每个门店的情况不一样，管理规范制定的细节也一定会不同，所以管理规范的制定与明确需要结合自身门店的经营整体情况，还要适应店内团队现状。而且这个规范并不是一成不变的，需要进行及时调整和细节优化。

同时还需要注意一点：所有的规范要以身作则，特别是在新制度新流程刚刚推行初期，直到团队上下都养成良好的工作习惯。

为了巩固大家对新的规范或流程标准的印象，可以参考表4-3-4制定相关工作重点表格。

每天工作时对着规范或流程看一下，自我提醒，自我检查。

大家可以试着把自己门店的管理规范整理出一个初稿出来，先完成再完善。

有了规范，如何提升团队成员的执行力，店长都很关注这个问

表 4-3-4 服务主管每日主要工作职责表

人员状态检查	大晨会配合	前台晨会开启	工作排序	关注每日关键经营指标及业绩完成率	服务顾问工作有效安排监督	遗留问题处理	流程监管	服务质量管理	夕会前工作	夕会

题。首先要找自身的原因，反思一下自身在员工面前有没有出现过言行不一，执行力大打折扣的情况。店长的以身作则才是提升团队成员执行力的基础，只有店长以身作则，才能让团队成员信服，最终提升整个团队的执行力。

举个例子，我咨询的某家店新招了一个技工，人很好，就是工作习惯很差，主要体现在两点：一是工具用好从来不收，到处乱扔；二是一旦干起活来，浑身上下全是油污。店长为了帮他改掉这两点工作恶习，盯了他很久，在日常工作过程中随时观察这位员工的习惯，发现不对，立马纠正，一开始员工不理解，认为只要将车修好就行，至于怎么干就无所谓了。后来有一天，这位员工突然感慨，说：工具随时归位，下次再用的时候找起来就是方便啊，省时省事，效率也提升不少。

以上这个案例足以看出店长在以身作则的同时，时刻帮助和提醒员工养成良好的工作习惯是多么的重要。如果门店需要推行新的生产流程或者岗位职责，并加强员工的执行力，建议也用这种现场管现场盯的方法，效果一定出乎你的意料。

当然如果你的门店规模比较大，人数比较多，就重点盯几个部门主管就行。

为了进一步帮助各位读者理解和吸收本章节的内容，我又帮助大家做了一张思维导图（图4-3-4）。

| 店长制定门店管理规范 | 首先，店长以身作则 | 其次，店长盯部门主管养成良好工作习惯 | 最后，部门主管盯员工养成良好的工作习惯 |

图4-3-4　金牌店长确保门店管理规范有效落实的三大要素

五、管理型店长如何辅助前台主管、车间主管、配件主管制定三大部门日常工作流程

很多人会质疑，门店如果前台、车间和配件三个部门都设有主管，也都干得很好，还要店长有什么用？其实从专业的流程角度而言，每个流程之间都会有空白，而店长的工作价值就在各流程之间的流程空白地带。

任何一家公司部门与部门之间都会存在不同程度的缝隙，但汽服门店部门间的缝隙会更大一些，因为汽车门店内大多人员岗位职责不明确，基本属于能者多劳的局面。就拿派工来说，对于没有车间主管的门店而言，有些门店如果前台能力强一点，那就前台往车间派工，包括后续的跟单，都是前台主动找车间沟通；有些门店是车间人员能力强一点的，就车间人员自己接单，自己管理进度，基本都是车间的人主动找前台沟通。店面的管理没有一个标准，有时一忙，管理上就漏洞百出，问题百出，紧接着就是互相抱怨和指责，店长则一筹莫展，然后抱怨自己门店的人员不行。其实这些问题的出现员工层面的原因最多占到15%，其他85%的原因是店长的问题。店长应该如何做？

（一）明确各部门的岗位职责，即工作内容

把所有部门的工作内容一一罗列出来，最关键的是让所有的当事人参与共同制定，先做加法，最后把重叠的工作根据门店的实际情况做去重。部门间交接的工作最容易出问题，店长在这个问题点要尤为重视公平性和便捷性。比如前台接了车准备往车间派工以及跟单，有些前台甚至还要做维修质量检查与把关等，这样大家工作

起来都不顺畅。

（二）画出门店的生产流程图

流程图见图 4-3-3。

流程图才画出来的时候，一定会面临着很多问题，其中最大的问题是员工习惯性按照过往的工作习惯和惯性来继续工作，导致流程的设定名存实亡，建议店长在流程规范设定之初，带着全体成员按照新流程演练个几遍。条件允许的话，演练的次数肯定是越多越好，可以利用下班时间每天进行三四遍演练。

在演练的过程中还有一个重要的工作要做，就是动员全体成员发现流程的不足和优化的方案，调整测试后再次演练，直到 80% 的成员都认为没有问题，再推行。

（三）店长将日常管理重心放在流程缝隙处

店长要重点关注流程交接处各部门的执行情况。一般交接处执行不好的原因：①员工能力不足，②职责不清，③部门间沟通不畅，④成员推诿责任。基于以上 4 个原因，店长在管理的过程中顺着问题背后的原因，就可以做到有的放矢，如果是员工能力不足那就加大培训力度；如果是员工职责不清，就组织会议进一步明确岗位职责；如果是沟通不畅，就督促部门间加强有效沟通，等等。

第4节 优秀团队的雏形

SECTION 4

一、管理型店长如何有效打造团队而非群体

在管理学上，群体和团队是两个不同的概念。群体，就是一群人，成员之间可以有共同的目标，彼此之间没有什么关联。而团队则不同，是一群有共同目标、成员之间有协同配合关系的组织。成员之间有配合、有默契，这是团队和群体最大的分别。

（一）选择大于培养

人是各种各样的，而且每个店长的脾气不一样，用人习惯不一样，具体什么样的人更适合自己用谁也说不准，你认为不好用的人别人可能还当个宝，你认为好用的人别人可能连正眼都不瞅一眼。既然好用的人没有标准，那不好用的人有明确标准吗？还真有。以下三类人请慎重聘用。

（1）个性不健全的人不能用。这种人，也许是早年经历的缘故，或者是个性的原因，很难与他人合作，很容易觉得全世界都对不起他，一讲话就是满满的负能量，而且这种人通常喜欢搬弄是非。

（2）态度不认真的人不能用。走访了这么多的门店，我发现无论是门店的老板、店长或员工主管，最后能成事的，都有一个共同

的特点：态度认真。职位不分高低贵贱，态度认真适合评判所有等级的人员。

（3）做事不专业的人不能用。所谓的专业就是要解决问题。不能解决问题，只会提出问题和抱怨问题的人，就是不专业。

（二）团队结构

1. 优秀团队的构成

我们去研究优秀门店的团队时发现，这个店长后面的员工水平一般，为什么他做得比较好呢？这就像皇马这样的阵容豪华的团队，都是少量的顶级高手和一群合格好手组成的，如果都放上顶级高手，这个组织很难打造成好的团队，很容易出现你不服我、我不服你的情况。大家都想挑战高难度的工作，最基础的工作就没人做了，更别谈团队配合了。

2. 骨干的重要性

学会识别、训练和使用骨干，是每一个管理型店长的基本功。骨干就好比我们门店的前台主管、车间主管，你交代一件前台的工作，前台主管能代替你拆解并安排下去。门店往往会遇到一些复杂问题，需要综合性的思维能力和解决问题的能力，骨干就是起到这个作用。骨干有能力把复杂问题拆解，之后交给辅助人员去做。对于关键的复杂问题，自己亲自动手解决。所以说得通俗一点，店长首要任务是选好主管，主管的任务是带领辅助人员也就是基层员工。

3. 选择辅助人员（基层员工）

店长选好了主管，接下来要帮助骨干搭配辅助人员（基层员工）。

在选择辅助人员的时候，领导者要学会换位思考。骨干之所以能够成为骨干，靠的是专业能力强，这也主要体现在他们的思维方式中。而新人、基层员工的思维，一般都比较简单，只能看到最直接、简单的因果和表象，所以，解决问题的方法也往往是头痛医头，脚痛医脚。而主管因经验丰富，能够看到事情背后的整体状况，所以，解决问题时也善于抓住关键因素。

所以，我们作为店长或主管一定要对基层员工和新人有足够的包容。要经常去思考团队不同成员之间的对话，看看大家对话背后的思维差异。

店长要学会从工作任务出发，把骨干和辅助人员有机地搭配起来。同时要有机地把不同层次的员工有效衔接起来，确保团队高效运转。

二、管理型店长如何做好团队建设提升团队凝聚力

很多门店团队很松散，除了偶尔聚聚餐，团队成员间没有其他多余的沟通和交流，更别谈内部会议和学习培训。而厉害的团队来源于平常强有力的团队建设。

所谓团队建设，就是有计划有组织地增强团队成员之间的沟通交流，增进彼此的了解与信赖，这样会使成员在工作中分工合作更为默契，对团队目标认同更统一明确，完成团队工作更为高效快捷。

这里介绍五个最容易实现的团队建设方法。

（一）增强沟通

增强沟通并不是做一些无关痛痒的沟通，而是尽可能做一些有质量的沟通。举个例子，在增强沟通这个环节店长可以通过跟员工

聊自己的成长史、家庭、梦想等私密的话题，营造出一个轻松愉快的氛围，鼓励大家多聊聊自己的家乡、成长史、梦想、父母亲等，也可以针对目前门店的问题大家畅谈一下自己的想法或者提意见、建议都可以，尽可能引导大家多说。增强沟通的过程中，话题千万不能散也不能偏，尽量少聊一些无聊的话题，同时建议找一个相对陌生的地方，这样大家都会比较放松，抛开工作层面的面具，大家以最真实的面目来交流沟通。

（二）增进了解

在第一步增强沟通做到位后，可以再试着安排一些小游戏，比如说真心话大冒险之类的，让大家进一步放开。

（三）合作默契

很多门店很少有部门之间合作的意识，原因就是大家互相之间都不太了解，上班的时候就是工作上的简单的对接和沟通，下班后各玩各的，根本没有有效的交流和沟通。彼此不了解，更别谈信任了，没有信任基础的合作是不成立的，即使合作了，万一出问题了，这种同事关系也很容易破裂。

但如果通过团队建设大家彼此都比较了解了，互相合作的可能性就会大大增加。即使合作中出了问题，因为前期有了信任和感情基础，也不至于说翻脸就翻脸。

在前文提到的团队建设过程中，店长也可以组织大家玩一些利于团队合作的小游戏，比如问答游戏，就是店长先想一个物品的名字，记在心里，让团队成员问你关于物品的问题，店长则只能回答是或不是，最终通过问一系列问题来确认这个物品。这个游戏一方面锻炼大家的逻辑思维能力，另一方面也能很好地锻炼团队协作能力，提升协作和团结的意识。

（四）统一目标

团队建设的过程中，需要强调得最多的就是团队意识，特别是团队目标的设定和完成。店长在做团队建设的过程中一定要强调团队目标的完成并不是依靠某个人或某个部门来实现的，而是依靠整个团队来实现的。

（五）高效工作

团队建设看似是一个很难的大工程，其实真正做起来并不难，关键是店长管理理念上的改变，其次是店长带头行动。前期一旦做好了，后续的工作量就很小了。

到目前章节内容为止，组织构架和岗位职责都明确了，团队成员互相也沟通了，都有了一定基础的信任和感情了，团队内部沟通起来也畅通多了，这样的团队工作效率能不高吗？

三、管理型店长如何通过日常管理提升员工满意度

前面章节我们讲过，管理型店长日常店面运营的四大目标之一就是员工满意度！只有员工满意了，才能发自内心地去服务好每一个客户。

可以从四个维度提升员工满意度。

（一）店长首先要以身作则

店长在任何时候都要以身作则，谁都不想被规矩束缚，但没有规矩又不成方圆，既然门店定好了规章制度，那店长在日常管理中就要带头执行，千万别要求员工去执行自己都不愿意执行的规章制度，更不要因为自己没有执行制度造成了问题后，不但不自省，反而把员工臭骂一顿，这些都是让员工极度反感的做法。

（二）店长要多做现场管理

店长尽可能保证一定的一线工作时间，这有利于充分融入一线员工工作，同时也方便做现场管理。只有在一线，才能发现门店经营中的问题：员工中哪些能力强，哪些能力弱；员工身上哪些素质是可以的，哪些地方是需要提升的。

（三）将指责改为帮助

员工工作没做好，店长要帮助他分析这个工作没干好的原因，然后告诉他下次如何才能做好这项工作。经历一次，员工成长一次，长此以往就形成正向的循环。员工干活更卖力，店长更轻松，客户越满意，门店经营越好。

（四）成为员工坚强的后盾

管理型店长一定要及时出现在各岗位员工工作的现场，了解员工需要哪些帮助和支持，但千万别把员工该干的活干了，只是提供帮助和支持。举个例子，如果门店特别忙，服务顾问接待不过来，这时候的店长就需要帮助服务顾问跟客户打招呼，让客户稍等片刻，并短时接待一下，等服务顾问来了后，店长及时退居二线。因为每个人有每个人的职责，管理型店长一定不要参与到员工的具体工作中去，否则你会打乱员工的工作思路和节奏。

店长一定要成为员工工作和生活中的坚强后盾，当员工在工作上或生活上遇到困难时，店长一定要伸出援助之手，尽最大努力帮助员工共渡难关，共同成长。

管理型店长所面对的规模一般是15人到30人的团队，所以店长更要关注团队协调作战能力和个人作战能力，把每个关键岗位上的员工培养成熟，同时坚决不替代员工做员工应该完成的工作。即使你可以做得很好，也绝对不能做，切记！

简单地讲就是人不行就持续培训，培训到行为止；团队配合不行平时就多操练，多磨合，练到团队配合顺畅为止。总之，管理型店长一定不能陷入具体的事务。

再给大家分享一个最近很流行的管理学观念，简称MBWA，英文叫management by walking around，翻译成中文就叫"走动式管理"。走动式管理的本义，是说管理型店长应该把日常管理及业绩管理的工作放在平时，随着大家一起工作，一边聊天，一边就把日常管理沟通、业绩沟通、业绩反馈的事情做了。比如，下属在车间或前台工作，你凑过去聊上几句，交流和指导的工作也许在不经意间就完成了。

不过，我自己理解的"走动式管理"核心是即时性，也可以说是"即时管理"。管理型店长就好比一个导航仪，当下属工作没问题时，你就负责肯定，一旦发现下属工作有问题，走偏了，你就要及时提醒并给出专业的建议，确保他不走弯路，快速回到成长的正道上。

四、管理型店长如何做好有效激励

很多门店管理者一提到"激励"二字，想到更多的就是物质奖励，比如多开工资，多给提成，甚至是给股份。物质激励固然重要，但纯粹的物质激励已经不太适合现在的员工了，需要给到员工他想要的激励才行。

表 4-4-1 列出的奖励涉及薪酬、工作条件、工作时间、福利待遇、升职机会等因素。店长可以给员工填一下，看哪些才是员工想要得到的激励。

表 4-4-1　激励因素评估表

对你而言，工作中什么东西很重要，或者令你感到兴奋？以下是你有可能会纳入考虑范围的 12 种因素，请进行排序，1 代表重要性最高，12 代表重要性最低。

因素	得分
高薪酬	
优越的工作条件	
友善型和支持型的同事	
弹性工作时间	
提供发展和新挑战的机会	
体贴的上司	
对你有所影响的决策具有包容性	
公正平等的待遇	
工作保障	
有提升机会	
优越的福利待遇（休假时间、退休计划等）	
自由和独立	

所有的人类行为都是因为受到了某种激励，而激励的背后最根本的因素是动机，由于篇幅有限，这个话题在本书中就不延伸了。

在正式开始讲激励措施前，还有个大前提需要跟各位店长强调一下，任何的激励措施确保有效的前提是老板或店长将各岗位员工的工资开足，所谓的工资开足的标准就是各岗位参照你周围店的平均工资，最好比你周围店相同岗位平均工资略高一点。如果连基本的工资都开不足，讲再好的激励措施都没有用。

接下来我们讲讲门店除了常规加工资加提成以外的六种激励方式：

（一）客户认同的激励

在我过往走访和辅导门店的过程中，经常听到员工很自豪甚至很有成就感地跟我讲：某客户又表扬他了，等等。这其实是一个很好的状态，客户表扬了员工，员工就会更加努力地工作，为了得到更多客户的认同，员工会加倍用心地服务客户，这就是客户的认同对员工工作积极性所产生的激励。

（二）表彰大会上所带来的激励

2020年，国家抗疫取得阶段性胜利后，特地为在抗疫中有特殊贡献的同志们举办了一次盛大的表彰大会，我们作为观众都看得心潮澎湃，更别谈被表彰者了。

当门店小伙伴有突出表现后，店长一定要想办法举办一次表彰大会，不仅激励了当事人，还激励了其他员工。

（三）责任激励

责任激励其实算是比较简单的一种激励方式，但责任激励的前提条件是要让所有员工有明确的岗位职责，让每个岗位上的员工都很明确地知道这个岗位的使命和重要性，让每位员工都知道他这个岗位在门店整体生产流程中的意义。店长如果把这份工作做透，对于员工的激励作用也很大。

（四）结果反馈/业绩反馈激励

玩小游戏为什么会上瘾？因为小游戏背后的激励措施，我们玩一会儿，就会有奖励，即时的付出与奖励其实是最好的激励。同样对于员工，只要他努力工作，业绩都会提升，店长要及时表扬他或奖励他，这样对于提高员工的工作状态很有帮助。

（五）晋升激励

很多单店招不到优秀的人，或者留不住人才，最重要的原因就是员工没有晋升通道。对于优秀的人，一定要给他足够大的空间和晋升通道，才能留住他。因为他已经不满足于自己能干好相关工作，他想完成更大的目标，这种人就要用晋升机制来充分激励和调动他的工作积极性。

（六）人尽其才也是一种激励

管理型店长一定要把合适的人放在合适的位置上，这是对一名员工最大的尊重和认可，但前提是店长得充分了解每一个员工的性格特质以及工作期望。在后续培训的时候，充分考虑到每个员工的特性和期望，调整岗位以适合每个员工。

激励前先提高员工对店长的信任度。

以上总结的5点激励措施大家看完后，可以尝试在自己门店用起来。激励只是一种手段，激励做得好不好有时并不是激励手段的问题，很可能是由于门店基础管理工作没做好，该开的工资没开到位，承诺给员工的奖励没有到位，等等。

最后再强调一下，激励要保持良性的、积极的、正向的。激励机制的核心就是该给的要给足、给到位、给在阳光上，无论是精神层面还是物质层面。

五、管理型店长如何做到人尽其才

很多门店老板或店长都会犯一个比较严重的错误，那就是用错人，或者把人放错位置。有句话说：对人才最大的尊重和激励就是做到人尽其才，其实简单地说就是把人才放到合适的岗位上，让他充分发挥优势，既能帮助门店达成经营目标，又能给自己带来巨大的成就感。

那作为店长或老板到底如何做才能做到人尽其才呢？回想一下冰山模型图。

以店长这一职位来举例子，适不适合当店长，更多的是取决于冰山下的70%的能力，以及一个人底层的价值观、性格特质等，而并非取决于冰山以上的知识和技能。为了方便大家理解和吸收，针对冰山模型图我以一张思维导图（图4-4-1）的形式展示出来供大家参考。

适不适合当店长并不取决于冰山以上的30%，也不取决于冰山以下的70%，而是取决于冰山底部的"价值观、性格、动机"。这三点我们暂且称为"一个人的底色"，也是很难改变的。这也是为什么我一直强调好的店长首先是被选出来的，其次才是被培养出来的。

第四章 中级管理型店长

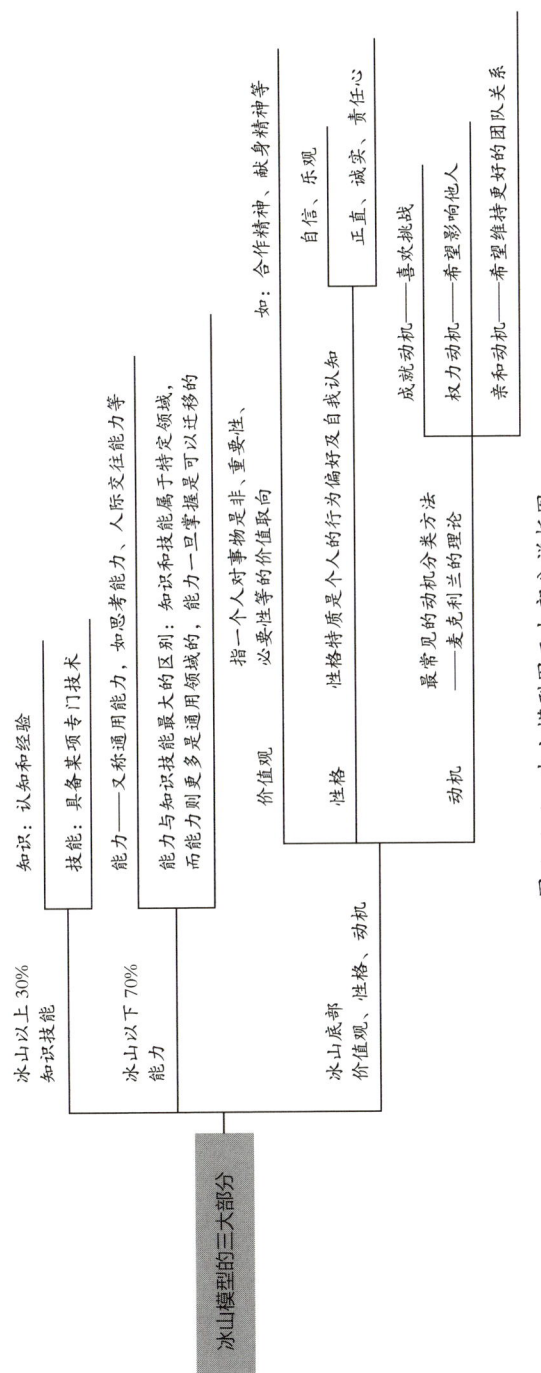

```
冰山模型的三大部分
├─ 冰山以上 30% 知识技能
│   ├─ 知识：认知和经验
│   └─ 技能：具备某项专门技术
│       ├─ 能力——又称通用能力，如思考能力、人际交往能力等
│       └─ 能力与知识技能最大的区别：知识和技能属于特定领域的，而能力则更多是通用的，能力一旦掌握是可以迁移的
├─ 冰山以下 70% 能力
└─ 冰山底部 价值观、性格、动机
    ├─ 价值观——指一个人对事物是非、必要性等的价值取向
    ├─ 性格——性格特质是个人的行为偏好及自我认知
    │   └─ 如：合作精神、献身精神等
    │       自信、乐观
    │       正直、诚实、责任心
    └─ 动机——最常见的动机分类方法——麦克利兰的理论
        ├─ 成就动机——喜欢挑战
        ├─ 权力动机——希望影响他人
        └─ 亲和动机——希望维持更好的团队关系
```

图 4-4-1 冰山模型三大部分详析图

105

所以各位老板在选择和提拔店长时，要特别详细了解他的价值观、性格和动机这三个方面，而不只看他车子修得有多好，或者前台业绩做得有多高。适合修车的不一定适合管人，业绩做得高的也未必能当店长，关键要看价值观正不正，性格特质是不是自信、乐观、正直有责任心等；在做事的动机方面有没有成就动机、权力动机、亲和动机。

无论作为老板还是店长，一定要很清楚地认知每位成员的特性。没有那么多的通才，技术好的，业务能力未必好；业务能力好的，技术未必好；善于管理团队的也未必既是技术能手又是业务高手。

作为门店管理层，一定要记住，让专业的人干专业的事，并让团队成员间能充分优势互补。

六、制定晋升机制

每个门店都有优秀的员工不满足于薪酬激励与荣誉激励等，他们需要更大的舞台施展自己的才华，这时作为店长可能只有通过相应的岗位晋升来激励这类人才充分发挥其主观能动性。

作为管理型店长到底该如何设定晋升机制并帮助更多的员工有效晋升呢？

好了，接下来我们讲一下关于设定晋升机制以及助力员工晋升的通用的方法。此处默认你是连锁店的店长或者准备开连锁店的店长，因为单店的晋升通常有天花板，所以推荐大家尽量去开分店。但即使你短期内不开连锁店，这套晋升机制也是适合单店的。

首先我们要规划人才晋升路线，这一点可以借鉴一些大公司的做法，比如阿里内部的晋升机制也是按照图 4-4-2 两条路线进行划分的：一是专业路线，二是管理路线。

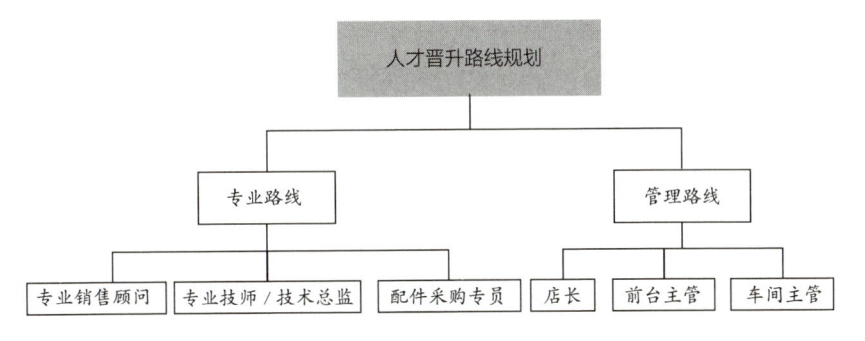

图 4-4-2 人才晋升路线规划缩略图

对于汽服门店而言，晋升机制也可以按照图 4-4-3 来进行规划。在规划员工晋升通道时一定要因才制宜，如果是前台那就培养成超级服务顾问，如果是车间员工那就往高级维修技师方向去培养。如果想当管理者，那就往组长、前台主管、车间主任、店长方向去引导。

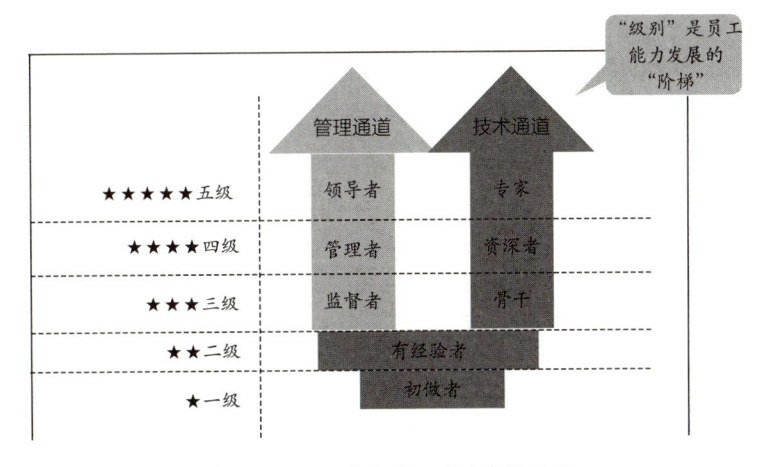

图 4-4-3 门店人才双通道设计图示

（一）规定满多少年工作年限才可晋升

如晋升基层组长，可以要求在本店内工作满 3 个月以上；如果晋升主管，需在店内工作满 6 个月以上；如果晋升店长，则要在本店工作满 12 个月等类似的要求。

（二）定期举办员工晋升评审

门店可以定期（如每半年，或者每年 5 月）做晋升评审，也可以不定期，即在工作中发现有对门店有重大贡献或者进步最快者，则随机安排晋升。

（三）人员晋升基础素质要求

人员晋升基础素质要求具备诚信、正直、吃苦耐劳等基础品格，以及对门店的忠诚度等，特别是晋升门店管理层，对人员的性格能力等基础素质以及相关从业背景要求会更高一些，各个店可以具体情况具体设定。

（四）相关业务能力的专业要求

如果是晋升前台主管，则看接待水准如何、服务态度如何等；如果晋升车间主管，则看修车技术如何。

（五）晋升前的绩效考核

如果是前台晋升，则要求连续几个月，每月产值在多少元以上；如果是车间晋升不同级别技师，则需要考量专业水平，可能通过专业的测试来评定。

（六）晋升条件

必须具备门店服务年限、职业素养及综合素质、业务水平3方面的条件。

（1）门店服务年限：在门店且在本岗位连续就职服务半年以上。

（2）职业素养及综合素质：①有较强的责任心、主动性；②有较强的敬业精神、工作热情；③对门店有极高的忠诚度；④出勤情况较好（半年内病假没有超过1个月，事假没有超过10天，早退没有超过10次，没有旷工情况）。

（3）业务水平：①完全清晰本岗位和晋升岗位的工作职责，且有晋升到新岗位的专业技能；②技能水平达到晋升到新岗位要求的深度和广度；③在现岗位任务完成率达80%以上，符合门店绩效考核标准；④在现任岗位未出现重大工作失误；⑤具有一定的组织、计划、指挥、协调、控制等管理能力，其他员工对其有一定的认同度；⑥符合晋升岗位职责的大部分要求。

（七）晋升流程

由部门推荐或个人自荐（必须符合以上各方面条件），或者由店长/老板点名主动给予晋升机会。门店可以设定一个竞选演讲，大家来投票，也可以直接晋升并发布人员晋升公告等。作为汽服门店，有些流程并不像大公司一样繁杂，人也不是太多，晋升环节也可以简单一些。

（八）降职

对于新晋升人员必须有一个试用期，并在试用期进行相应考核，如果达不到要求，可以采取降职措施。这个要慎用，但也不能光有晋升没有降职，具体如何操作，店长/老板要慎重权衡。

（九）降职适用情况

（1）职责素养及综合素质跟不上。

（2）敬业精神、工作热情、责任心、主动性不符合岗位要求。

（3）对门店的忠诚度不够。

（4）出勤情况不符合门店要求。

（5）业务水平不符合岗位要求。

七、管理型店长如何针对老员工制订人才培养计划

老员工往往有老员工的问题和局限，比如有不想上进的、有能力欠缺的、有思维固化的、有学习能力不行的，等等，面对这样的老员工到底该如何去帮助他们突破和成长，并最终辅助老板或店长提升门店整体的经营管理水平，提升客户的满意度，从而提升门店自身的竞争力呢？可以从以下3个步骤来改善。

（一）门店人才盘点与评估

首先总结出想提拔或改变的这部分员工，对他们目前的主要能力，也就是现状进行评估，如表3-2-2所示。

接下来店长要判断他属于什么样的人才，是专才型的还是管理型的。比如专才型，包括业务能手以及技术骨干，只适合自己干活，自己成长，没有意识和能力帮助员工或同事成长，那就不要提拔他往管理层方向发展。

（二）门店岗位盘点与评估

盘点门店的岗位，有哪些岗位人数多，有哪些岗位人才短缺。结合冰山模型，如果缺少前台服务顾问，就看看这名员工有无很强的沟通能力；如果缺少车间主任，那就要看这名员工技术是否过硬，当然也要了解员工想不想往这方面努力。

（三）培训启动与试岗

做好以上基础工作后，要针对相应的同事制订相应的岗位培训计划。具体培训计划可参照表3-2-1。

培训过程中，可以安排员工到相应的岗位试岗，店长在试岗过程中发现其遇到的问题，并与其及时沟通并确认，寻找优点与不足之处，优点鼓励其保留，不足之处安排相应复训与实操训练等。

总有些成员不愿意改变，还特别不配合工作，感觉自己很厉害，连老板都要让他三分。像这样的员工，店长可以与其多沟通几次，如果仍然没有改变的意识和动向，可以把他转为闲职，或者直接开除。当然在开除老员工的时候，也一定要慎重并讲究一些技巧，不到万不得已不要开除，这个分寸要把握好。

八、管理型店长为什么要把自己的利益放在团队利益之后

《道德经》里说："江海之所以能为百谷王者，以其善下之，故能为百谷王。是以圣人欲上民，必以言下之；欲先民，必以身后之。是以圣人处上而民不重，处前而民不害。是以天下乐推而不厌。以其不争，故天下莫能与之争。"

意思是说：江海所以能够成为百川河流所汇往的地方，是由于它善于处在低下的地方，所以能够成为百川之王。因此，圣人要领导人民，必须用言辞对人民表示谦下；要想领导人民，必须把自己的利益放在他们的后面。所以有道的圣人虽然地位居于人民之上，而人民并不感到负担沉重；居于人民之前，而人民并不感到受害。天下的人民都乐意拥戴而不感到厌倦。因为他不与人民相争，所以天下没有人能和他相争。

也就是说作为管理者，在管理团队时一是不能在员工面前高高在上，盛气凌人；二是必须把自己的利益放在团队成员利益的后面。

作为一店之长，首先要关注的是整店的利益、团队的利益、客户的利益、合作伙伴的利益，最后才关注到个人的利益。只有这样，员工才会养成注重大局利益的习惯和格局。

第5节
让业绩管理成为经营的帮手
SECTION 5

一、管理型店长如何正确制定业绩指标

业绩管理是管理学中非常重要的内容，包括业绩目标设定，业绩考核与管理，以及业绩评价等，可以说是承上启下的一环，向上通着战略，向下涉及团队管理、组织运作和考核评价。

在确定业绩指标前，店长需要了解与之密切相关的两个关键词：毛利和费用。一家门店最后所追求的就是投资回报率，而投资回报率的水平，主要由销售利润率和资本周转率决定。那么怎么样提高销售利润率呢？其实就是增加收入，降低成本。用稻盛和夫的话说，"经营的原则，就是把销售额最大化，把开支最小化"。

门店要定业绩指标，要着重关注毛利和成本。

（一）毛利

毛利，就是收入减去成本之后的剩余。比如一桶4升的机油，进价是100元一桶，卖出去是150元一桶，赚的50元一桶就是毛利。毛利是不是纯利润呢？不是。还有房租、水电费、人工费等其他的成本费用，扣掉其他各种费用，最后得到的，才是净利润。

毛利是很重要的一个概念。如果门店的业绩分析做得比较深入，无论毛利是在增加还是在减少，店长都应该分析这种增加和减

少的原因，这一块细节放在高级经营型店长章节来讲。

毛利的成长主要是靠行业成长和自我成长两个方面合计的，在如今行业竞争加剧的时候，更要看重自身的竞争力是在变强还是在减弱。

有一点值得店长注意，并不是一味追求毛利越高越好，我们还要想尽一切办法降低创造毛利过程中所产生的各种费用。

（二）成本

收入和成本并不是同步变化的。很多门店为了增加收入，不得不招募更多的人员进店，到最后收入是提升了，但成本也大幅度提升了。我们要做的是在提升门店收入的同时，控制成本少增长，或者不增长。

3个主要成本，依次是销售成本、管理成本、财务成本。

（1）销售成本，门店打造销售能力所投入的费用。如前台服务顾问的工资，市场营销活动的费用，以及与销售和营销相关的其他直接费用和间接费用等。

在所有的费用里面，销售费用是与收入最直接挂钩的，作为店长，一定要格外关注这两者之间的关系。当门店收入增加的时候，销售费用一般都在增加。

（2）管理成本，是指与管理活动相关的人工费用，固定资产的折旧费用等。比如店长工资，主管或组长的岗位工资等。

（3）财务成本，往简单了说，就是贷款。如有老板为了多开店，快速扩张规模，就会负债过重，多赚回来的利润，还不足以支付借债的财务支出，这时，就有可能出现亏损的状况。

业绩指标的制定是一个系统化工程，要结合现有的费用标准、团队成员配置等，也就是我们上面所讲的收入、毛利、净利、销售成本、管理成本、财务成本6个维度来综合评估。

初级业务管理者常见的做法就是每个月设定的指标都一样多，然而每个月的情况都不一样，有淡旺季之分，所以这样做是不科学的。

可以参照过往 2~3 年的月经营数据来制定该年度每月的产值目标，如果门店没有前面 2~3 年的经营数据表，那就要快速把门店现有的管理软件用起来，否则越往后，数据统计越困难，没有数据分析支撑的门店，后续在经营层面的问题一定是层出不穷，而且问题无法得到科学合理解决。

二、管理型店长如何分解业绩指标确保业绩完成率

在业绩指标制定好后，店长需要有效分解目标，并做好过程管控，确保完成经营目标。目标拆分得越细，完成的可能性越大。具体如何拆，见图 4-5-1。

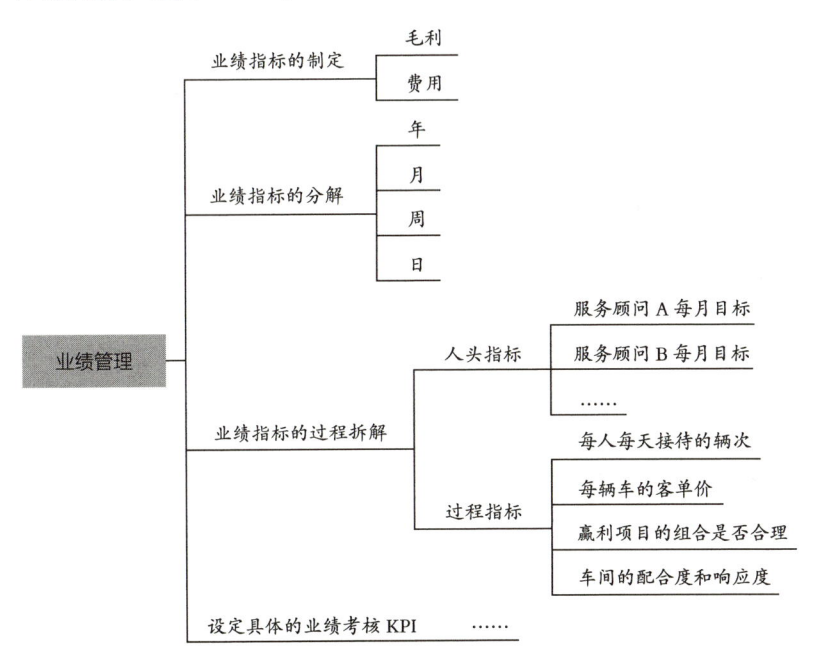

业绩管理
- 业绩指标的制定
  - 毛利
  - 费用
- 业绩指标的分解
  - 年
  - 月
  - 周
  - 日
- 业绩指标的过程拆解
  - 人头指标
    - 服务顾问 A 每月目标
    - 服务顾问 B 每月目标
    - ……
  - 过程指标
    - 每人每天接待的辆次
    - 每辆车的客单价
    - 赢利项目的组合是否合理
    - 车间的配合度和响应度
- 设定具体的业绩考核 KPI   ……

图 4-5-1　业绩管理拆解图

（一）按时间拆分业绩指标

上一章节讲如何制定业绩指标的时候就提到过要参照过往的历史数据来制订当下的业绩指标，上节课讲到按月份制订，其实还可以从月拆到周，从周拆到天，拆得越细越好。一定要采集并分析前一年中哪几个月生意不错，一月中有哪几周生意不错，一周中有哪几天生意不错，在那个重点时间，全员要全力以赴，安排精兵强将驻守客户集中到店期，确保业绩完成。

每个门店的实际情况不一样，业绩重点产生的月、周、日都不一样。比如门店在社区的和在 CBD 楼下的就不一样，社区店平时不太忙，周末忙；CBD 楼下的门店平时忙，周末不太忙。这些要素店长在制定业绩经营指标时要考虑进去，包括员工休息时间都会有不一样的调整。

（二）按人头拆分业绩指标

这一点相对比较简单，但也有很多门店做得不到位，主要表现就是很多门店店长或老板从来不给员工设定明确的目标，以及明确的奖励标准。指标设定得越明确，员工达成的可能性越大。

在按人头拆分业绩指标时，要注意的就是针对服务顾问过往能力的不同，设定的业绩指标要区别对待，一定要参考各个服务顾问历年的月业绩完成情况，制定现在的业绩指标。

（三）明确赢利项目并针对各项目合理匹配相应产值

按项目设定目标产值这一方法针对绩效不太好的门店，对初级店长也有一定的帮助。但当店长和团队成熟到一定的程度，项目产值规划有可能会限制店长和团队的发挥，所以对这一方法还是要慎重使用。

（四）设定明确的过程指标

当我们做好业绩指标分解后最终还是要落实到每人每天的实际工作中去，对于新门店或者产值不高的门店甚至要落实到每天每个客户的接待中去。这就是我们要谈到的过程指标设定。

很多门店负责人都知道门店产值的计算公式，门店产值＝进店量 × 客单价，至于复购率这里先不谈，因为车后维修保养本身就是一个低频的服务。

统计进店量一定是针对常规可预见的项目，即每隔一段时间就要做的项目，比如洗车、保养、换轮胎等。

店长要结合门店每天的产值目标，再结合门店日保养辆次进店量和客单价来分析门店目标完成情况。客单价建议门店做到当地行业水平的 1.2 倍左右即可。

关于进店量问题后面内容会详细讲述。如果客单价不够，要么是车检没做到位，要么是前台二次销售的能力所限，这时店长就需要具体问题具体分析，找出关键问题，对症下药。

业绩指标制定方法：

（1）结合门店日常员工数和工位数测算出每月固定开销。

（2）调出过往门店各个月份产值数据和利润数据。

（3）关注以往各个月份产值项目构成。

（4）测算出每月生死线目标产值。

（5）测算出当前每月实际能完成产值。

（6）参考过往的数据再结合门店目前实际员工数以及人员配

置，制定出合理的目标产值。

（7）找出实际产值与目标产值的差距。

（8）制订产值完成明确方案，有可能是前台服务顾问数量不够、车间生产技师不够、门店进店量不够、单车产值不够等，根据实际情况进行具体的调整和资源对接及倾斜。

（9）结合过往各月份淡旺季分类，分别制定出下年度各月份产值具体目标。

（10）结合前台各服务顾问过往产值数据制定明确且合理的产值目标，以及收入提成点数；提成点可以分成生死线内提成点和超过生死线部分的提成点。

（11）制定各层级员工的绩效考核数据，结合当下所制定提成测算方法以及同级别员工在当地整体工作水平，同时还要整体测算一下门店做到相应的产值，各方面的开销比例以及净利润比。

（12）待以上所有的数据测算完成后，没有太大问题与出入，就开始进行试运行了。

三、管理型店长如何制定合理的绩效管理制度

要设定科学合理的绩效考核制度必须参照至少过往两年的门店经营数据报表，单凭店长主观判断或者短期业绩指标来确定这个员工工作是否合格，是否需要加大或减少奖励力度都是片面的。

基于过往的业绩指标，测算出团队的真实能力，计算门店在产值多少的情况下只能作基础绩效奖励，在多少产值的情况下，才能额外提高员工绩效奖励。

（一）绩效考核三特点

绩效考核具有三个特点（图4-5-2）。

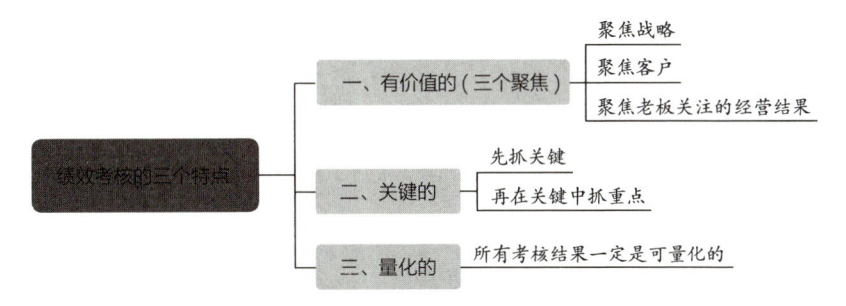

```
绩效考核的三个特点 ─┬─ 一、有价值的（三个聚焦）─┬─ 聚焦战略
                    │                            ├─ 聚焦客户
                    │                            └─ 聚焦老板关注的经营结果
                    ├─ 二、关键的 ─┬─ 先抓关键
                    │              └─ 再在关键中抓重点
                    └─ 三、量化的 ── 所有考核结果一定是可量化的
```

图4-5-2　绩效考核的三个特点

1. 聚焦战略

"战略"二字可以这样理解："战"可以拆解为"占"和"戈"，占是占领，戈是兵器，战的意思是通过战斗占领一个制高点。"战"解决的是"做什么"的问题。

"略"是策略，即选择如何布置和安排。很多门店恰恰困在"略"上，曾经有一个老板，店里总共五个人，两个洗车工位，两个机修工位，一个钣喷工位，老板每天很忙，然而每个月都挣不到钱。所谓百通不如一精，什么业务都干，什么业务干得都不精，是竞争不过别人的。在绩效考核前，首先要聚焦于分析绩效考核的点是否与战略符合。

2. 聚焦客户

定绩效考核指标时，要想我能为客户提供什么，以及提供到什么程度，门店的方向和一切经营动作都要以客户为导向，聚焦客户的需求。

3. 聚焦老板关注的经营结果

门店老板把握门店经营大方向，在设定绩效考核指标时，也要考虑到老板所关注的经营结果，比如老板说我们这几个月主要做进店量提升，或者主要是降低车间返修率等。

（二）考核关键点，并在关键点中再抓重点

考核的点不要太多，门店改变要一点一点来，绩效考核也要一步一步地推进。比如前台要考核的是产值目标和利润目标，但决定产值的点比较多，可以考核顾问新客户进店量、单车产值以及客户流失率等。这么多关键点要有主次之分，分析出导致这个顾问产值低的主要原因是什么，如果是进店量低，那考核他的重点就是先考核他的进店辆次，这就是在关键点中再抓重点进行绩效考核指标设定。

（三）可量化的考核结果

设定绩效考核时千万不能含糊不清，比如说"前台需要确保听从店长安排，完成相关的业绩指标"，比如说"技师须有责任心，提升维修技能，降低返修率"，这两句都太笼统。考核结果要量化，才能统一标准，便于执行（表4-5-1）。

如表4-5-1所示，完成产值有奖励，完不成有处罚，规则清晰。当然图表中还可以写下，如果超额完成月产值，超额的部分怎么提成，调动员工做产值的积极性。

新员工的考核可以采用师徒制，将新员工分配到相应的部门，找一个同部门的老同事来做新同事的师傅，将新员工的成长与进步和老员工的绩效挂钩。这样既可以倒逼师傅的成长和进步，也可以帮助新员工快速成长。

很多店长都想调整门店的绩效来提升员工的积极性，然而就怕调整后，员工有想法，这很好解决。比如调整前台的底薪和提成，要先看一下他完成的业绩有没有超过底线，再看一下他过往两年中平均每月产值有多少，平均每月的工资是多少。如果过往两年，这

表 4-5-1 业务经理岗位绩效考核评价表

（考核周期：　年　月　日至　年　月　日）

姓名：　　　　　担任岗位：　　　　　所属部门：

序号	指标	关键结果考核	标准绩效	绩效工资（元）	特殊说明
1	总产值	86万/月，详见会计次月初统计结果	100%	1400	绩效工资乘以完成率
2	客单价	1500元/车，详见会计次月初统计结果	90%	1400	绩效工资乘以完成率，大于等于90%，绩效工资全发
3	毛利产值	43万/月，详见会计次月初统计结果	100%	1400	绩效工资乘以完成率，大于等于98%，绩效工资全发
4	续保产值	完成98%的续保率	98%	780	绩效工资乘以完成率，大于等于98%，绩效工资全发
5	客户满意度	98%的客户满意度，详见回访专员反馈表	—	1000	绩效工资乘以完成率，大于等于98%，绩效工资全发；客户现场投诉服务，则扣300元/次

综合评价

考核人签章：　　　　　　日期：　　年　月　日

服务经理（店长/前台主管）绩效考核表

个前台的平均月产值是 10 万元，工资每月平均是 8000 元，就可以定超过 10 万的部分可以给他稍微高一点的提成。

而对于车间技师，也可以统计一下过去两年平均每月施工单的产值是多少，平均工资大概是多少。一定要把每个部门每个成员过往的产值和收入做个数据收集和分析对比，这样制定出来的绩效考核指标才不会过高或过低。

为了便于大家能够理解以上内容，最后再分享一个员工与门店的 4 种合伙关系以及所对应的利益分配方式（图 4-5-3）：

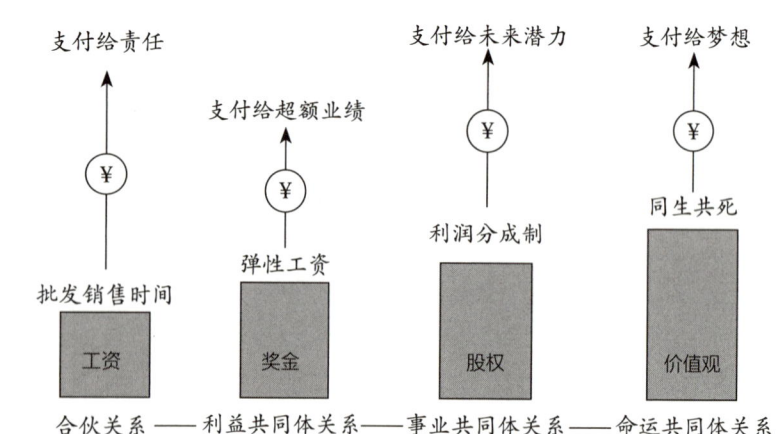

图 4-5-3　4 种利益分配方式

店长平时要正确采集店内相关的数据，通过数据分析和对比，制定相对科学合理的绩效考核制度。

四、管理型店长如何助力员工提升业绩完成率

（一）分析现状

结合门店基础数据做客观分析，现状掌握得越客观越好，只有

客观地分析才能找到业绩不好的真正原因。

（二）透过现状找问题

透过现状背后的原因，透过原因找出根本问题，这个过程一开始分析的是事，最终找到的问题一定与人有关。比如进店量下滑，这是事，事的背后一定是人导致的，我们就要在团队内部展开讨论，充分了解进店量下滑的主要原因是什么，客户到底为什么会流失。

（三）结合根本问题找出解决方案

接着上面的案例继续分析，如果是技师技术水平不够导致客户流失，那我们先提升技师的技术水平，或者招一个技术好的技师，先解决导致顾客进店量下滑的根本问题，再去想办法增加进店量。如果是前台业务能力的问题，那就重点对前台的销售接待能力进行培训，最好找店内业务能力强的员工来培训，或者找做得好的同行服务顾问来培训，培训完成后，一定要演练，这对于提升服务顾问的能力是至关重要的。

（四）检查反馈调整

在找到问题，给出解决方案后，店长要及时关注后续的结果，看需要改变的问题有没有得到实质性的改变和提升，这个环节也是通过门店的数据体现出来的。如没有显著效果，就要重新分析并制订方案。

为了方便大家能够进一步理解上面的内容，请以图 4-5-4 辅助理解。

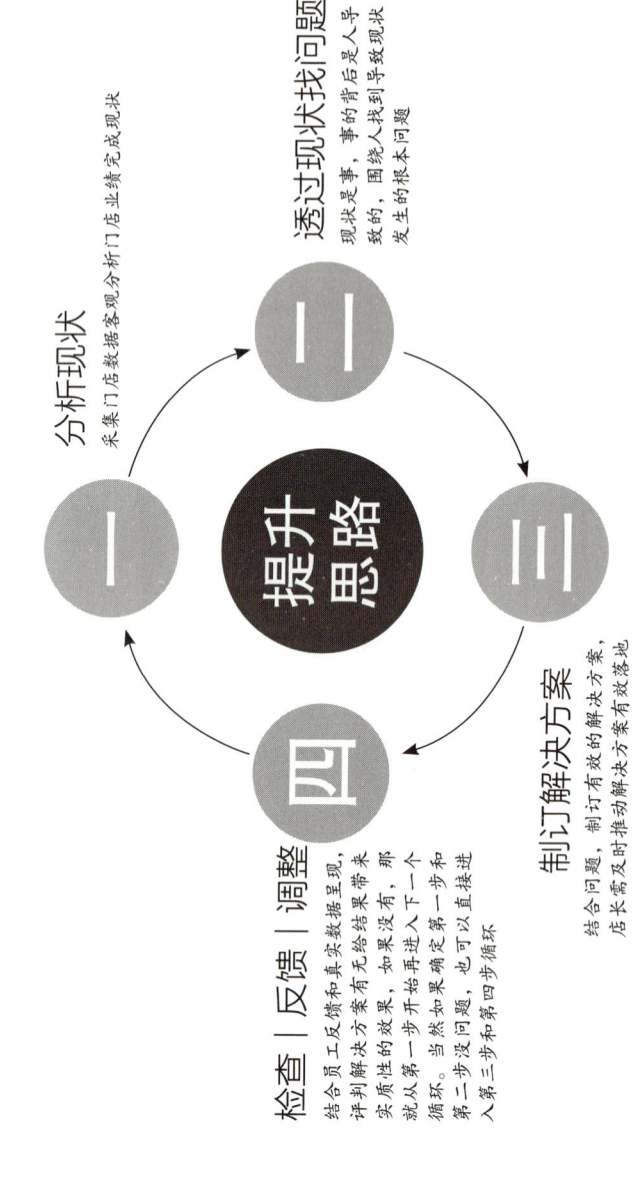

一 分析现状
采集门店数据客观分析门店业绩完成现状

二 透过现状找问题
现状定事,围绕人找到导致现状发生的根本问题致的,事的背后是人导

三 制订解决方案
结合问题,制订有效的解决方案,店长需及时推动解决方案有效落地

四 检查｜反馈｜调整
结合员工反馈和真实数据呈现,评判解决方案有无给结果带来实质性的效果,如果没有,那就从第一步开始再进入下一个循环。当然如果确定第一步和第二步没问题,也可以直接进入第三步和第四步循环

中心：提升思路

图4-5-4 店长辅助员工提升业绩完成率的四大步骤

第 6 节
客户至上
SECTION 6

一、管理型店长如何抓好服务质量提升客户满意度

要想管控好服务质量，提升客户满意度，店长首先不能陷入门店具体的事务，要把时间和精力用来琢磨和实施客户满意度提升方案。将相关的业务流程拆分成：售前、售中和售后，再将售前、售中、售后3个板块进一步拆分，就像俄罗斯套娃一样，把一个大问题拆分成一个个细小的问题，从一个个细小的问题来解决，最后大问题也就顺理成章被解决了。

具体见图 4-6-1。

售前满意度主要取决于服务人员的礼仪、态度以及专业性。一方面是与人沟通的专业性，另一方面是对车辆操作的专业性。

售中满意度主要取决于技师施工时的责任心、施工质量与效率。售中还会存在二次报价的环节，这对前台销售也是一个考验，具体的沟通话术、沟通细节的掌握都会影响到客户体验。

售后环节更重要，很多门店缺流量，关键问题就是售后没有做好。诸如售后回访，以及节假日的问候，还有一些优惠活动的及时通知等，都是提高客户满意度的方法。只有真心才能换来真心，你提供真心的服务，才能换来车主的复购。

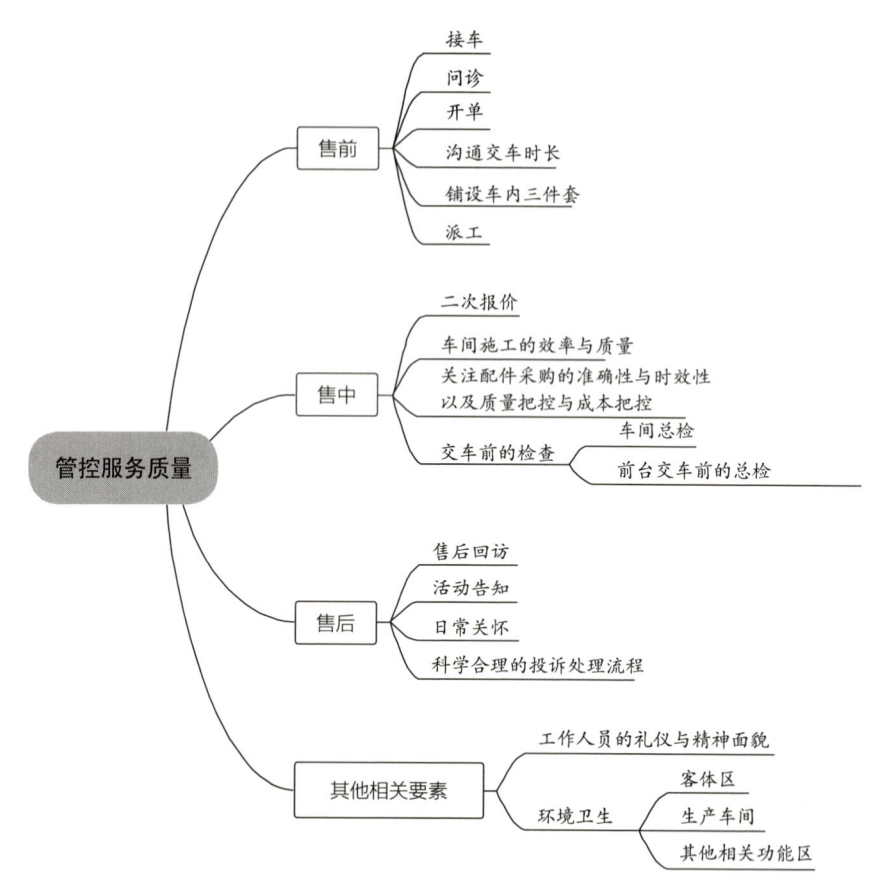

```
                              ┌─ 接车
                              ├─ 问诊
                     ┌─ 售前 ─┼─ 开单
                     │        ├─ 沟通交车时长
                     │        ├─ 铺设车内三件套
                     │        └─ 派工
                     │
                     │        ┌─ 二次报价
                     │        ├─ 车间施工的效率与质量
                     │        ├─ 关注配件采购的准确性与时效性
                     ├─ 售中 ─┤   以及质量把控与成本把控
  管控服务质量 ──────┤        │                    ┌─ 车间总检
                     │        └─ 交车前的检查 ────┤
                     │                             └─ 前台交车前的总检
                     │
                     │        ┌─ 售后回访
                     ├─ 售后 ─┼─ 活动告知
                     │        ├─ 日常关怀
                     │        └─ 科学合理的投诉处理流程
                     │
                     │              ┌─ 工作人员的礼仪与精神面貌
                     └─ 其他相关要素┤                 ┌─ 客体区
                                    └─ 环境卫生 ─────┼─ 生产车间
                                                      └─ 其他相关功能区
```

图 4-6-1　管控服务质量的三个节点

二、提高客户回头率和忠诚度

（一）客户盘点

像做资产管理一样，盘点一下门店客户，可以从如下几个维度来盘点（图 4-6-2、表 4-6-1、表 4-6-2）。

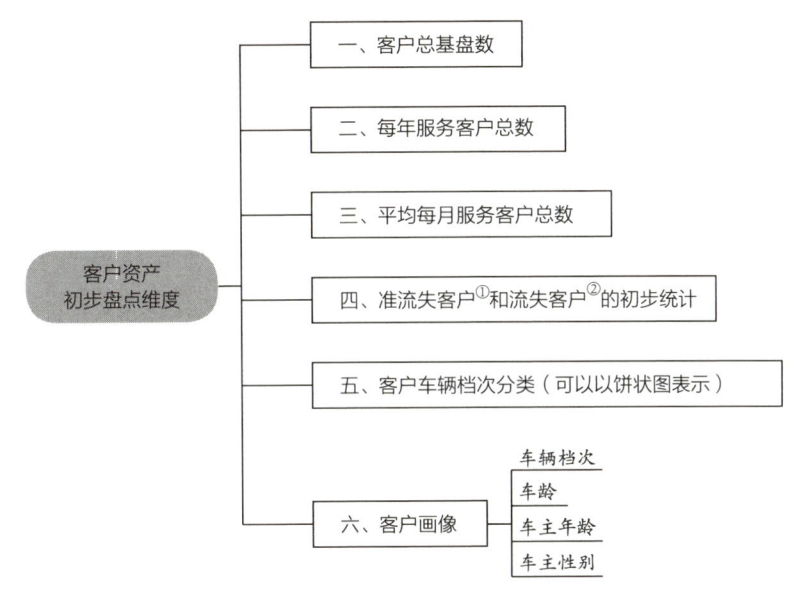

```
客户资产
初步盘点维度
```
── 一、客户总基盘数
── 二、每年服务客户总数
── 三、平均每月服务客户总数
── 四、准流失客户[①]和流失客户[②]的初步统计
── 五、客户车辆档次分类（可以以饼状图表示）
── 六、客户画像 ── 车辆档次 / 车龄 / 车主年龄 / 车主性别

图 4-6-2　盘点客户资产的六大维度

表 4-6-1　修理厂准流失客户（纯机电客户）管控跟踪表

序号	车牌号	车型	行驶公里数	车主姓名	车主联系方式	最后一次到店时间	最后一次到店及消费项目	上一年度消费总金额	跟进计划	备注

表 4-6-2　修理厂流失客户（纯机电客户）管控跟踪表

序号	车牌号	车型	行驶公里数	车主姓名	车主联系方式	最后一次到店时间	最后一次到店及消费项目	上一年度消费总金额	跟进计划	备注

客户初步盘点的目的是让店长对门店整体的客户数以及客户车

[①] 准流失客户：一年以上一年半以内未进店客户。
[②] 流失客户：一年半以上未进店客户。

辆档次有一个认知和概念。

(二) 客户分类

可以按消费总金额高低来分类。如果普遍车辆档次高，有部分客户年度消费超过8000元，那就设消费8000元以上客户为A类客户，并根据具体情况划分其余几类客户，具体见表4-6-3至表4-6-8。

表4-6-3　修理厂A类客户[①]（纯机电客户）管控跟踪表

序号	车牌号	车型	行驶公里数	车主姓名	车主联系方式	最后一次到店时间	最后一次到店及消费项目	上一年度消费总金额	跟进计划	备注

表4-6-4　修理厂B类客户[②]（纯机电客户）管控跟踪表

序号	车牌号	车型	行驶公里数	车主姓名	车主联系方式	最后一次到店时间	最后一次到店及消费项目	上一年度消费总金额	跟进计划	备注

（A、B、C、D年消费金额标准，建议每个门店按照各自实际情况进行确定）

表4-6-5　修理厂C类客户[③]（纯机电客户）管控跟踪表

序号	车牌号	车型	行驶公里数	车主姓名	车主联系方式	最后一次到店时间	最后一次到店及消费项目	上一年度消费总金额	跟进计划	备注

---

① A类客户：近3个月内有进店，半年到店2次以上，年度消费金额5000元及以上。
② B类客户：近3个月内有进店，半年到店1次，年度消费金额3000元~5000元。
③ C类客户：近半年内有进店，一年内到店1次，年度消费金额1000元及以上，3000元以内。

表 4-6-6 修理厂 D 类客户[1]（纯机电客户）管控跟踪表

序号	车牌号	车型	行驶公里数	车主姓名	车主联系方式	最后一次到店时间	最后一次到店及消费项目	上一年度消费总金额	跟进计划	备注

（A、B、C、D 年消费金额标准，建议每个门店按照各自实际情况进行确定）

表 4-6-7 修理厂新客户[2]（纯机动客户）管控跟踪表

序号	车牌号	车型	行驶公里数	车主姓名	车主联系方式	最后一次到店时间	最后一次到店及消费项目	上一次到店消费总金额	跟进计划	备注

表 4-6-8 待保养提醒客户[3]（纯机动客户）管控跟踪表

序号	车牌号	车型	行驶公里数	车主姓名	车主联系方式	最后一次到店时间	最后一次到店及消费项目	上一次到店消费总金额	电话邀约情况	备注

（待保养客户的邀约是很多门店走向客户需求管理的开始）

（三）客户的精细化运营

车主的情况不一样，其背后的需求也不一样，如图 4-6-3 和图 4-6-4，从不同维度描述客户需求。

客户精准运营的背后是客户的需求管理，需求管理简单一点说就是以客户为中心，了解和满足他们的真实需求。

---

[1] D 类客户：近一年内进店，一年内到店 1 次，年度消费金额 500 元~1000 元。
[2] 新客户：一年内进店 1~2 次的车主。
[3] 待保养提醒客户：当前日期往前顺推 6 个月的时间到店保养的客户。

管理型店长一定要充分去关注和研究所服务的车主群体的消费特性，同时还要做客户的更新迭代。如果服务的客户大多是60后、70后，就要想尽一切办法去吸引更多的80后、90后车主进店。只要了解目标客户的基本需求和消费习惯，就可以做到。

（四）敢于向过于挑剔的客户说再见

我相信每个店长在经营门店的过程中都会遇到一些过于挑剔的客户，比如非要用便宜的配件，最后由于使用了便宜的配件导致车辆出了问题，还不停地找门店麻烦，这样的客户对于门店而言，真的可以对他说"不"。

当然前提条件是门店的整体服务让车主无法挑剔，车主不是因为门店服务不好而纠缠。

三、建立客诉通道和处理机制

想要有效地提升门店客户服务质量，最简单的方法就是建立客诉通道。汽服门店由于车型繁多，车况多种多样，人员专业度也受限，很多车主也没有专业的辨别能力，难免会出现一些消费纠纷或者误解，导致车主不开心甚至抱怨。然而，很多门店没有设立明确的客户反馈和投诉通道，更没有设立科学合理的以客户为中心的客诉处理机制，客户抱怨无果，投诉无门，最终很多客户不经意间就流失了。

店长要清楚客户的境遇，了解客户的心情，知道一线员工服务客户的具体操作，建立一套有效的客诉通道和处理机制才能更好地留住客户。

精准运营

从新客户维度分析

在乎技术专业和服务

偶尔事故
常规洗车及美容

在乎性价比

可以考虑小保养套餐卡锁客

车辆档次

价格高于 25 万元
常规基础保养

在乎单次的单价低且方便到店
常规基础保养

小改装（85后、90后车主）

小于 3 万公里 ←——→ 大于 3 万公里

偶尔事故
常规洗车及美容

小改装（85后、90后车主）

在乎技术专业和服务

在乎单次的单价低且方便到店
一定公里数的大保养及换件

小改装（85后、90后车主）

公里数

常规基础保养
一定公里数的大保养及换件

偶尔事故
常规洗车及美容

小改装（85后、90后车主）

价格低于 25 万元

在乎性价比

可以考虑大保养性价比较高套餐卡锁客

（基于新客户，我们分成四个维度来进行需求分析）

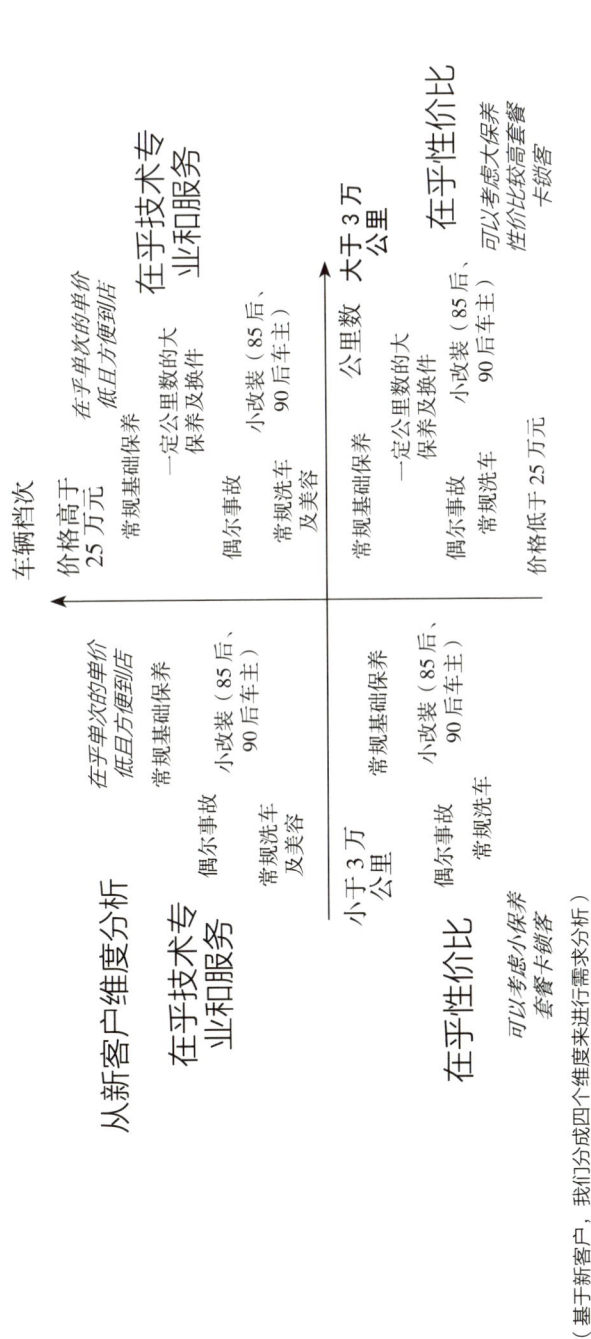

图 4-6-3 客户精准运营四象限（一）

注：新老客户界定标准视各门店实际情况而定。

第四章 中级管理型店长

精准运营

车辆档次

价格高于25万元
- 常规基础保养
- 偶尔事故
- 常规洗车及美容
- 小改装（85后、90后车主）
- 可以考虑大保养套餐卡或者充值卡锁客
- 在乎品质与平时服务和活动

大于3万公里

公里数

- 常规基础保养
- 偶尔事故
- 常规洗车
- 小改装（85后、90后车主）
- 可以考虑大保养套餐卡锁客
- 更在乎性价比与平时活动

价格低于25万元

小于3万公里

- 常规基础保养
- 偶尔事故
- 常规洗车及美容
- 小改装（85后、90后车主）
- 可以考虑小保养套餐锁客
- 在乎品质与平时服务和活动

- 常规基础保养
- 偶尔事故
- 常规洗车
- 小改装（85后、90后车主）
- 可以考虑小保养套餐锁客
- 更在乎性价比与平时活动

从老客户维度分析

图4-6-4　客户精准运营四象限（二）

（基于老客户，我们分成四个维度来进行需求分析）

注：新老客户界定标准视各门店实际情况而定。

（一）召集会议告知全体关于设立客诉热线的决定

召集大会有两个目的，一是让全员都意识到客户满意度的重要性，特设客诉热线，动员全员参与建设和监督；二是通过设立客诉热线给全员一个警醒，对于服务好客户这个方面各岗位员工来不得半点马虎。

（二）明确客诉热线呈现形式及摆放位置

客诉热线可以做成摆台，放在门店比较显眼的位置，客户很容易看到。

（三）明确热线接听第一人

投诉电话设立初期由店长亲自来接，店长一定要是客诉知情的第一人，但不一定是客诉处理的第一人。这样店长可以第一时间了解一线情况及客户投诉主要问题，也可防止接听人员无法传达真实情况，造成问题处理不当。

（四）设定明确的客诉处理机制和流程

如果门店规模大，有专职的服务顾问，那就本着谁的客户谁来处理的原则，如果客户与服务顾问矛盾比较尖锐，店长可以安排另外的服务顾问来交叉处理。

如果门店没有专职的服务顾问，最好由店长处理客诉问题。不管谁处理，永远记住一点：处理客诉先处理客户的情绪，情绪安抚好了，客诉处理起来也就不难了。

（五）做好客诉处理结果登记和跟踪备案

客诉处理完成后，最后把每次客诉处理的情况按表 4-6-9 做好登记，一是便于内部总结和复盘；二是万一后续该客户还有投诉，便于调档再次查看，以免有所遗忘引起扯皮事件等。

客诉处理不同的人有不同的思路和方法，原则就是确保客户满意而归，并尽可能以留住这个客户为宗旨来处理。

四、通过客户访谈促进团队持续提升客户满意度

管理型店长直接接触客户的机会很少，有时对于客户感受以及客户反馈的问题都不能掌握到一手的信息，即使安排服务顾问进行收集信息并及时反馈给你，这些信息也是比较有限的。

店长要定期走到一线做一些客户的访谈和调研，以便及时掌握一手的信息，及时发现团队客户服务方面的问题，并及时予以解决，从而确保客户满意度，降低客户流失。

（一）准备工具

可以设计一张客户访谈表（图 4-6-5）并打印，准备好签字笔以及 A4 大小的夹纸板。

表 4-6-9 客诉处理登记表

客户名称		联系方式		车型		车牌号	
投诉时间		投诉受理时间				投诉受理人员	
所投施工单单号		投诉主要问题及缘由					
投诉事实							
协商解决方案						是否已经解决	
客户满意度	☆☆☆☆☆	回访跟踪情况记录					
相关责任人及主要处理人员签字：				客户签字		日期	
其他补充说明：						店长签字	
						日期	

顾客面访表

车主资料
车主/驾驶员姓名：_____　联系方式：_____
车牌号：_____　车型：_____　面访日期：_____

维修保养经历

1. 请问服务顾问（接待人员）能否及时接待您？
   A. 及时　　　B. 一般　　　C. 很慢　　　☐分钟（请注明时间）

2. 请问服务顾问是否礼貌、尊敬、热情地对待您并对您微笑说"您好"吗？
   A. 是　　　B. 否

3. 请问本次维修/保养前服务顾问是否在您的车内铺设方向盘套、座椅套、脚垫等"六件套"来保护您的车辆？
   A. 铺设齐全　　B. 铺设不齐全　　C. 未铺设　　D. 我没让铺设

4. 本次维修/保养前，服务顾问是否向您解释了要进行的服务/维修内容？
   A. 详细解释　　B. 未解释　　C. 未解释清楚

5. 请问您对顾客休息室的舒适程度满意吗（包括座椅、茶水、娱乐设施等）？
   A. 满意　　　B. 一般　　　C. 不满意

6. 请问您对维修/保养所用的时间是否满意？
   A. 满意　　　B. 一般　　　C. 不满意

7. 请问服务顾问是否向您解释清楚具体的收费项目？
   A. 解释　　　B. 未解释　　　C. 未解释清楚

8. 请问您所反映的车辆问题是否一次性处理好？
   A. 是　　　B. 否
   未处理好的原因 R1. 技术水平差　R2. 无配件　R3. 时间不允许　R4. 其他____

9. 请问您的车是否按时交付？
   A. 是　　　B. 否
   未按时交车的原因 R1. 有返工　R2. 无配件　R3. 其他____

10. 请您用 1~5 分评价以上各项
    R1. 正确诊断故障的能力 ☐/5　　R2. 技术水平 ☐/5
    R3. 维修保养的质量 ☐/5　　　　R4. 配件齐全 ☐/5
    R5. 环境卫生 ☐/5　　　　　　　R6. 整体服务态度 ☐/5

整体评价

11. 请问您在本店维修/保养车辆后有什么感受？

12. 请问您对本店的现状有什么意见/建议？

图 4-6-5　顾客面访表示例图

（二）调整心态

店长要把姿态摆正，既不能太低，也不能太高。姿态低了，客户会觉得你有意图；姿态高了，让客户感觉不舒服。特别是客户提出对门店满意的地方的时候，作为店长一定要全盘记下来；如存在客户误解之处，或者不得不解释的地方，店长进行详细解释，其他针对客户所提意见和想法虚心听完并及时记录。

（三）准备话术

建议店长在做顾客面谈时准备一套标准的话术，可以让客户欣然接受你的访谈邀请，并放下防备，真心与你沟通，同时也能节约时间。

（四）其他注意事项

填写顾客面访表时，建议店长代替车主填写，这样既显示出门店以客户为中心的服务宗旨，同时也节省了双方的时间。

最后可以为每位参与访谈的车主准备一份小礼物，以表示你对他们配合你工作的谢意，这也更进一步体现了门店以客户为中心的服务宗旨，处处为客户着想。

当顾客面访表做好后，店长接下来的重点工作就是整理汇总，以找到店内存在的问题，并及时想办法解决或优化。

（1）当客户反馈店内工作人员的问题后，不要立刻找到该员工批评教育，一定要先客观地调研并多方了解相关的情况后，再来定性，最后与当事人或者相关同事共同商讨门店解决方案与优化措施。

（2）对被访谈的客户一定要做好详细的记录和归档，特别是提出过不满或者改善建议的客户访谈记录一定要重点留档，间隔一段时间后，这一类型的客户最好再做一次访谈。因为这类型的客户比较有想法或者对你店的服务有一定期望，再次回访，一方面可以听听那批有思想的车主针对门店的经营的意见和建议，另一方面也听一下对门店服务有更高期望的客户给门店提出更高的要求。

（3）客户访谈过程中对门店好人好事的表扬和夸赞，店长也要收集汇总起来，以便在店内员工大会上进行相应的表扬，并倡导全体员工向优秀员工学习。

五、科学测算客户流失率

客户流失简单地讲就是老客户忽然不到你店进行保养了，而是选择了你的竞争对手的门店，这种情况我们称为流失。

客户的流失正常有3种原因：①门店自身的服务质量和技术不行，导致客户流失；②客户的自然流失，比如搬家，或者换车；③客户被竞争对手抢走。

那到底该如何科学合理地统计客户流失率呢？以保养为例，店长要统计门店所服务的车主中，平均每年进店保养的辆次，当统计出门店所服务的车主群体每年平均进店保养辆次时，基本就可以测算出客户群体平均多久会进店保养了。如果车主每年平均保养一次，那也就是平均每年进店一次；如果车主越过一年未进店，那就算是准流失了。

六、带领团队做好客户回访

（一）什么是客户回访？

客户回访是门店用来进行产品或服务满意度调查、客户消费行为调查、维系客户的常用方法。

（二）回访的目的

客户回访是客户服务的重要内容，做好客户回访是提升客户满意度的重要方法。客户回访对于需要回头客的汽服门店来讲，不仅可以得到客户的认可，还可以创造客户价值，提升客户对门店的信任度以及黏性，从而提升客户在门店的消费信心，最终提升客单价。客户回访不会只产生成本，充分利用客户回访技巧，特别是利用客户回访记录表来加强客户回访会得到意想不到的效果。一般来说，客户对于具有品牌知名度或认可其诚信度的门店的回访往往会比较放心，愿意沟通和提出一些具体的意见。客户提供的反馈是门店在进行回访时的重要目的。

（三）回访技巧

1. 面带微笑、精神亢奋

无论是电话回访，还是微信回访，都要保持积极快乐的心态，做好每一位客户的回访，让被回访的客户感受到你的热情与真诚，才能打动客户对你产生好感，从而才能听到客户对你的真实反馈。

2. 话术规范服务

无论是电话回访还是微信回访，门店都要准备一套标准的话术，话术规范也是体现一个门店的服务品质和职业素养。

3. 面对不同的客户采用不同的语气

因为客户的脾气性格不一样，沟通时尽可能用与客户同频的语气或话术甚至语速进行沟通。比如针对年轻车主可以用一些网络流行用语，针对中年车主可以用一些中规中矩的话术，针对女性客户可以用一些简单易懂的话术和温柔的语气，针对急性语速快的车主也可以适当调快你的语速。总之，要顺应客户沟通的习惯，客户才能快速接受你，并跟你反馈真实情况。

（四）回访要点

1. 明确回访专员

一定要明确参与客户回访的专职员工，同时明确回访专员的工作职责和工作内容以及工作目标，并接受相应的培训与绩效考核。

2. 客户分类回访

回访前，建议门店把客户进行明确分类，针对不同类型的客户要设定不同的回访话术，以及不同的回店活动计划。

3. 了解客户过往消费数据及消费习惯

在做回访前，最好看一下这个客户过往的消费数据及消费习惯，才能更好地做到针对客户提供个性化关怀。比如这个客户保险要到期，正好你一个回访电话过去提醒他一下保险快到期，要及时续保……类似这样的动作，会让客户更加认可门店的服务。

4. 确定回访方式

门店准备回访客户时，一定要针对不同的客户，设定不同的回访方式，当下主流的就是电话或者微信。我的建议是针对中年以上的车主以电话回访为主；对于90后年轻态车主，以微信回访为主。

当然什么样的客户以什么样的形式回访，最好是再去征求一下客户的意见，听听客户喜欢什么样的回访方式。

5. 找准回访时机

一般是客户进店消费 3 日之内做一个回访，当然也可以选择在客户下次保养前提前一到两周做客户回访。

6. 促进销售

回访时，走完流程后，也可以适当了解客户的需求，或者把最近门店上新的产品或者最新的活动告知车主，以供客户选择。

7. 正确对待抱怨

客户回访过程中遇到客户抱怨是正常的，正确对待客户抱怨，不仅要平息客户的抱怨，更要了解抱怨的原因，把被动转化为主动。建议门店在回访中收集更多的客户抱怨，并对抱怨进行分类。例如抱怨产品质量不满意、服务人员不满意等。通过解决客户抱怨，不仅可以总结服务过程，提升服务能力，还可以了解并解决产品相关的问题，提高产品质量、扩大产品使用范围，更好地满足客户需求，提升门店整体经营水平。

第 7 节
繁重工作中的时间管理
SECTION 7

一、管理型店长如何做好行政人事管控

"行政人事"其实是两个板块的工作，如图 4-7-1 所示。

很多汽服门店为了节约用人成本，没有人事行政部门，这项工作被店长兼任了，所以店长还是要具备一定的人事行政工作的思维与能力，做好门店人员的选、育、用、留等相关工作，同时还要在遵循门店内相关行政管理制度的前提条件下积极给门店员工营造出一种愉快、舒适、高效、严谨、团结的工作氛围和节奏。

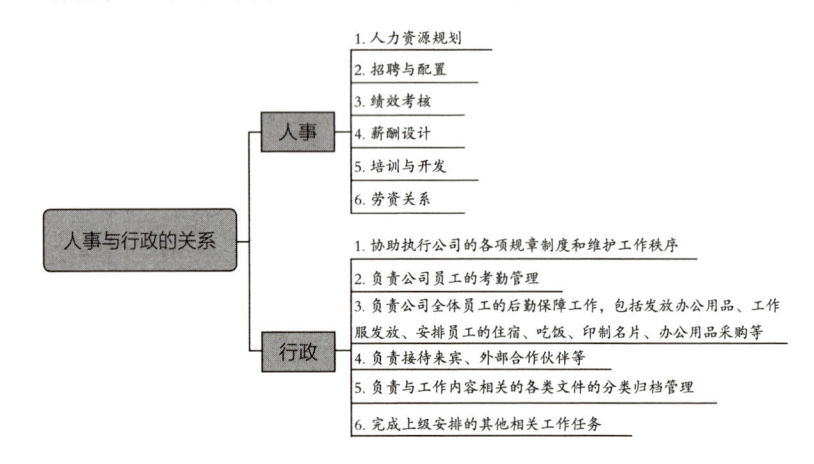

```
                    ┌─ 1. 人力资源规划
                    ├─ 2. 招聘与配置
              ┌人事─┼─ 3. 绩效考核
              │     ├─ 4. 薪酬设计
              │     ├─ 5. 培训与开发
              │     └─ 6. 劳资关系
人事与行政的关系 ─┤
              │     ┌─ 1. 协助执行公司的各项规章制度和维护工作秩序
              │     ├─ 2. 负责公司员工的考勤管理
              │     ├─ 3. 负责公司全体员工的后勤保障工作，包括发放办公用品、工作
              └行政─┤    服发放、安排员工的住宿、吃饭、印制名片、办公用品采购等
                    ├─ 4. 负责接待来宾、外部合作伙伴等
                    ├─ 5. 负责与工作内容相关的各类文件的分类归档管理
                    └─ 6. 完成上级安排的其他相关工作任务
```

图 4-7-1　人事与行政的关系（简述图）

（一）人力资源规划

在开店初期，门店首先要做好赢利项目规划和工位规划，结合赢利项目规划和工位规划，店长再来组织相应的人员。比如一个洗车工位正常规划 2 个洗车师傅，三个机修工位正常规划 2 个技师，中小门店最好先规划 1 名大工，中大型门店至少规划 2 个大工，等等。每个门店的情况不一样，规划的员工数量和级别也没有统一定论，宗旨就是人人有事做，事事有人做。人员的工资成本控制在总产值的 30% 左右。门店成立之初，业务还没完全展开，人员可以不用配齐，但一定要确保客户来了，能解决 90% 以上的问题，随着客户进店增多，再逐步招一些必要人员。

（二）招聘与配置

现在的招聘渠道很多，但普遍招聘的效果都不是太好，建议门店常年挂出招聘广告。店长要做好人员的选择，标准就是前文所说的 4 点：选、育、用、留。这 4 个字蕴含的内容太多，只有充分做到这 4 点才有可能尽量降低人员流失率，招聘不是最关键的，想办法留住人才才是最关键的。

（三）绩效考核

绩效考核的设定和做好绩效管理在管理型店长第 18 节已经做了详细的讲解，这里不做赘述。绩效考核更多的是针对管理层，基础员工设定好基本薪酬即可。

（四）薪酬设计

薪酬包括基本工资、奖金、绩效工资、激励工资、津贴、加班费、佣金、利润分红等。岗位不一样，薪酬标准也不同，店长可以参考同行数据制定。

（五）培训与考评

关于员工的培训与考评在教练型店长一章里已经详细讲解过，本章不做细述。店长可以把培训、考评与绩效考核制度挂钩。比如要求技术总监或前台服务主管每周对下属员工至少进行一次培训。在给员工或管理层制定绩效考核时，也可以根据员工或管理层的学习考核情况进行绩效的奖惩。

（六）劳资关系

门店为了更好地留住员工要与员工签订正式的劳动合同，具体如何签订，有什么样的要求和标准，可以参考各地区劳动关系管理部门发布的相关政策和标准。

很多门店为了增加员工的留存率，都会给员工安排宿舍，宿舍管理也成为门店经营管理的重要一环。下面从六个维度讲一下宿舍的管理方法。

1. 明确的管理制度和行为规范

对于一些比较恶劣的行为必须罗列清楚，并明令禁止，且做到零容忍，一旦发现决不姑息，将犯错员工开除。

2. 宿舍长的选择和考核

选择对的宿舍长至关重要，最好给予宿舍长一定金额的岗位补贴，责权利都有了，才能很好地管理和考核宿舍长。

3. 制定统一管理标准

店长一定要为宿舍制定可执行的统一的管理标准和规范，一方面有利于检查工作，另一方面也有利于宿舍长履行管理职责。

4. 不定期巡视

店长一定要不定期巡视宿舍，及时发现问题，如遇触犯明令禁止的相关行为，一律开除，永不录用。

5. 持续优化宿舍管理条例

宿舍管理规范与条例不可能一步制定到位，需要店长联合宿舍长及时发现管理条例不妥之处，进行优化和调整，以加强宿舍管理力度。

6. 警钟长鸣，奖惩及时

店长和宿舍长需定期召开加强宿舍管理条例例会，把不良现象和行为消灭在萌芽状态，遇到表现良好的舍员以及宿舍长须及时奖励，触犯条例的舍员与宿舍长须及时惩罚，宿舍管理须常抓不懈。

二、管理型店长如何应对门店客流量变化与店长的角色变化

（一）当门店处于高客流时

服务顾问来不及与客户打招呼时，店长可以先帮助服务顾问接

待客户，然后提醒服务顾问及时来接待。越是忙的时候，越能暴露门店管理有缺陷的地方。此时店长要注重客户体验，时刻关注门店的生产运转流程，以及车间的效率和质量把控，不允许有任何的失误出现，也要做好处理突发事件的准备。

如果店内进店量实在太大，店长为了顾及客户体验，可以帮忙接待一下客户，并及时开单派工，如遇服务顾问有空，店长则需及时进行交接。店长千万不能陷于具体的业务中。

（二）当门店处于中客流时

店长应做好现场管理，并观察过程中各个部门的工作情况，看看有没有明显有问题的地方。如果有时间的话，也可以对员工进行工作量化测评，对有问题的员工进行指导。还可以适当安排客户访谈，了解顾客感受等。

（三）当门店处于低客流时

店长应关注门店内部管理优化，以及日常行政人事工作或者与员工进行沟通、谈心、辅导、培训，甚至进行模拟演练以及生产流程的全员模拟演练等，千万不能在不忙的时候无事可做。

三、管理型店长如何做好门店的日常宣传

店长要懂宣传和营销的专业知识，为后续更好地经营门店也打下扎实的基础。

门店宣传的最终目的是实现利润最大化，而利润最大化的前提是门店进店量增加，进店量增加的前提是让更多的车主知道门

店的好，让更多的车主知道门店好的前提是有更多的人知道有这样一家店。所以，宣传的第一步就是让店周边车主知道门店的存在。

（一）确定好宣传的受众群体

任何一家门店都不可能做尽周边所有车主的生意，只有聚焦一部分群体，做精做深做透，才有可能立足。

针对的群体不同，宣传策略也会有所不同。比如中低端车主大多看中门店性价比，中高端车主大多看中门店品质和服务以及形象和细节。

店长首先得明确做谁的生意，以什么车型为主，才能做有效的宣传。

（二）找到目标车主群体主要聚集地

针对不同的车主做宣传，先要知道他们一般聚集在哪，是线上还是线下。如果是 90 后车主那肯定都在网络上，如果是 60 后车主，那很有可能会在小区微信群上。在制订宣传计划之前一定要摸透你所想宣传的车主对象，他们主要聚集在哪里，这样才能有的放矢。

（三）确定宣传内容

一定要结合门店主推业务设定宣传内容。千万别把能赚钱的项目拿出来做活动，尽量拿一些比较透明的刚需项目来做低价引流活动，为后续增加潜在客户的进店率做好准备。

（四）确定宣传载体

线上宣传，一般使用门店的微信，也可以找到周边小区的物业群发一些信息。线下宣传一般到小区活动中心或者停车场等，发放宣传单。

（五）确定宣传所需物料、宣传时长以及宣传相关经费

宣传所需物料要提前备好，如果是线上宣传准备一些精美的图片以及视频等，如果是线下宣传那就准备一些如 KT 板、X 展架等。确认如果在小区宣传是否需要交一定的费用，对费用预算要提前做好规划，门店宣传最终是为了赢利，所以宣传上在保证一定效果的前提下尽量控制成本。

（六）准备素材

怎么证明宣传的真实性呢？可以准备一些素材：①门店经营时长，比如十年老店等；②老客户好评截图等；③门店整洁端庄大气清爽的门头以及店内宽敞明亮清洁的车间和客休区照片；④强有力的背书，比如某集团或政府部门指定维修单位等；⑤相应的资格证书或者荣誉证书等。

（七）明确人员分工及宣传活动时间推进表

正式宣传前，一定要将人员进行明确分工。如确定是地推，那在哪几个地点，由谁牵头带哪几个人，每天从几点到几点，以及每天出去地推时每人的任务是多少，以上环节都要提前设定好。同时还要制定整个宣传活动的时间推进表，店长要把控整体节奏，有

了时间推进表，才能提高宣传效率和执行效率。

（八）正式宣传

按计划有步骤有节奏地宣传，且要做好持续宣传的准备，千万不能浅尝辄止。比如在小区地推，才做两三天觉得没效果就不做了，其实在一个小区地推正常要连续做七天左右才会有一定的效果。

在宣传的过程中给潜在车主充足的进店理由。

可以准备一个礼品让客户到店领取。

在宣传过程中尽量添加目标客户的微信或者留下电话，如果是线上的活动也可以引导准客户留下资料，或者点击小程序进行授权绑定门店宣传微商城等。在宣传任务完成后，可以主动邀约这些准客户进店消费，并赠送伴手礼。

日常宣传具体如何做呢？步骤如下：

1. 朋友圈宣传

朋友圈不要发太多内容，每天早中晚各一次即可，主要内容为宣传自己门店的团队有多优秀、客户的好评、案例展示以及新品广告活动或者不定期的小活动，等等。记住你宣传的内容一定有要传达某个价值，不要漫无目的地发一些毫无意义的内容。涉及照片时，还是尽可能把照片拍得美观一点，不要拍得太随意。

2. 短视频平台宣传

现在有很多店会自己拍摄一些短视频内容发布到相应的平台上。如果你的店也有相应的人才，也可以试一试。但宣传都需要沉淀和坚持，效果不可能立竿见影的。所以一旦开始了，尽量不要半途而废。

3. 团购网站宣传

现在越来越多的门店会选择在一些团购网上进行宣传和曝光，年轻车主还是比较喜欢的。

4. 地图应用软件或者互联网养车平台宣传

在一些地图应用平台上注册账号，并上传门店照片（一定要拍得稍微好看一些）。

四、管理型店长如何带领团队做好主推产品陈列助力销量提升

优秀的品牌服装店，从吸引客户进店到客户店内行走动线，甚至直到客户从店内走出来的所有路径都是提前被品牌商设计好的。"陈列"二字光从字面意思上解释就是：把物品摆出来给人看。

好的产品陈列，一方面可以快速告知车主门店有哪些品类的产品，另一方面可以降低对专业销售人员的依赖，因为通过专业的陈列能将门店主推的产品外观、性能、特征、品牌和价格迅速地传递给顾客，唤醒车主消费购买欲望，促进车主自主比较和选择，减少询问，缩短挑选时间，加速交易过程。

汽服门店可以主要在 3 个区域进行陈列，VP（Visual Presentation，店招及橱窗陈列）点是承担吸引顾客第一视线的重要演示空间，是消费者在店外经过就能获取店内主推产品或主推项目消息的位置。VP 陈列区应干净，一目了然。

具体打分标准见表 4-7-1：

表 4-7-1　VP 陈列区打分标准

区域	要求	执行方案	评分
店招	干净、醒目、不可张贴广告	门头定期一季度清洗一次，注意安全	
		双层门头，第二层由广告公司清理，不可自行清理	
	玻璃橱窗	产品摆放/广告物料定期更换	
	灯箱	夜晚保持常亮状态，定期检查，如有损坏立即提报市场部	
门口场地	交通流畅	不可乱堆杂物	
	地面划线	区域划分清晰	

PP（Point of Sales Presentation）点也叫售点陈列，可以称为重要陈列或对销售起到重要作用的商品陈列，对于门店而言就是工位区或者客休区。

机油摆放标准应注意齐全、饱满，如果不能及时补货，就使用空瓶填上空隙。同时，一个货架最好只摆放同一品牌同一款机油。轮胎摆放要注意齐全、饱满，标签统一朝下，和货架对齐。针对所有产品，都要注意把促销信息展示在显眼的地方。

PP 点陈列区要定期进行整理和擦拭，千万不能落灰，IP（Item Presentation）点陈列简单讲就是单品陈列，对于汽服门店而言就是主推商品包装。IP 点陈列往往在比较显眼的地方，比如玻璃橱窗或者门店中央的陈列展台。以热销或促销产品等为主的主推产品，如主推轮胎产品，或者每年的春夏两季交替时的空调杀菌或者车内空气净化系统。

五、管理型店长如何开好周会和月度会议

（一）如何开好周会

分享一个简单的方法给大家，叫作周会四讲法。

所谓的四讲法就是针对上周"讲工作总结""讲工作思考"；针对本周"讲阶段目标""讲每日规划"。

1. 讲工作总结

店长需要引导各位员工结合上周制定的目标进行对比总结，①上周的目标是否完成？②完成的情况如何？③没有完成的问题在哪儿？④顺利完成的原因是什么？⑤每日的规划是否达成？⑥达成质量如何？⑦规划是否合理？总之，要引导团队及时总结得与失，好的方法总结出来，不好方法规避优化掉。

2. 讲工作思考

（1）上周完成工作的方法沉淀。店长可以引导员工讲讲上周工作做得比较有成就感的事情，然后带领团队共同总结提炼出好的方法，供其他成员复制和学习。

（2）上周未完成工作的原因分析。团队在讲上周未完成工作的原因分析时，店长要引导员工找主观原因，少讲或不讲客观原因。

（3）上周个人的成长收获。"个人的成长收获"可以是专业技能上或者工作技巧和方法上的，也可以是业绩提升上或者技能提升上的，同时也可以精神上的成长。

3. 本周的阶段目标

如何制定本周的阶段目标，这个很简单，可以参考管理型店长中讲的年度目标，然后进行月度拆解和周拆解，这样周目标就明确了。

4. 本周的每日规划

对周目标进行分解，形成日目标，制订出相应的每日规划。在这个过程中，店长要带领团队全体成员衡量每日规划合理与否，并及时给出意见和建议，以确保制定出来的每日规划是合理的，且可达成的。

如果想要开好一次周会，对店长的要求还是比较高的，店长要具备在会议上透过现象看本质的能力，店长要在会议上透过汇报的数据、员工的态度、团队的协同，发现员工在工作中存在的问题，并且找到解决这些问题的关键点，鼓励团队成员共同提到解决方法。所有的问题的解决方案最好是团队成员共同商量解决，这样更有利于后续快速执行。

（二）如何开好月会

月会之所以重要是因为既是对上个月的总结，也是对下个月的计划和动员，让团队调整好状态，迎接新一个月的到来。开好月会的三板斧，即做回顾、讲目标、提状态。

1. 做回顾

店长在做回顾之前，一定要准备好相应的数据表格，比如月度产值报表、利润报表等。一是门店整体的业绩数据分析，二是团队各成员的业绩数据分析，同时针对团队奖励或者个人奖励也必须在"做回顾"这个阶段展示出来。在奖励这个环节，店长通过现场兑现奖励将团队中优秀员工的闪光点放大，让其他成员共同看见，以激励团队其他成员努力奋进。最好是给予员工双重奖励，既有物质奖励，又有精神奖励，也就是说既能让优秀员工有实惠可拿，又能让他们的精神备受鼓舞。

在奖励优秀团队或员工时，店长还需要营造出温情时刻。店长要把眼光放到所有成员身上，特别是没有得到奖励又特别想上进的员工，要让他们感受到店长眼里不光有得到奖励的员工，更有没有得到奖励的员工，这样才不至于让得到奖励和未得到奖励的员工成为对立的。

2. 讲目标

讲目标分两步，一是明确目标，告诉全体员工为什么这么定目标，让全体成员都有明确的目标感。

还要讲讲如何做。在讲如何做这个环节，店长不需要重点展开，但一定要围绕核心策略和抓手进行对焦和聚焦，比如我们这个月重点就是在不伤害客户的情况下，把客单价在原有基础上平均提升20%。

3. 提状态

月会作为新的一个月的启动大会，其中最核心的一大目的就是帮助员工把状态提起来。提状态有两种形式，一是"对决机制"，二是"目标誓师仪式"。目前后市场门店用对决机制稍微多一些。通过对决机制让团队与团队、个人与个人，进行业绩或技术比赛，营造对决氛围，激发团队的战斗力。在这里我需要提醒一下：对决的意义不在于输赢，而在于成长，一定不能走偏了，为了输赢而战，最终有可能会引发员工不惜一切代价提升产值，有可能会做出伤害客户的事情。

六、管理型店长如何借助日清单优化自身和团队工作

店长如果没有日清单，在工作的时候就会分不清轻重缓急。

列每日工作清单能有效帮助店长自检时间到底是花在重要工作上还是花在一些无谓的工作上。

店长要通过清单帮助自己列出工作计划和内容，也要引导并帮助员工列出每日工作重点。

在列清单时，每个岗位的员工一定要明确自己岗位的职责，将内容详细列出来，如图 4-7-2、表 4-3-3，以及表 4-7-2 至表 4-7-5。

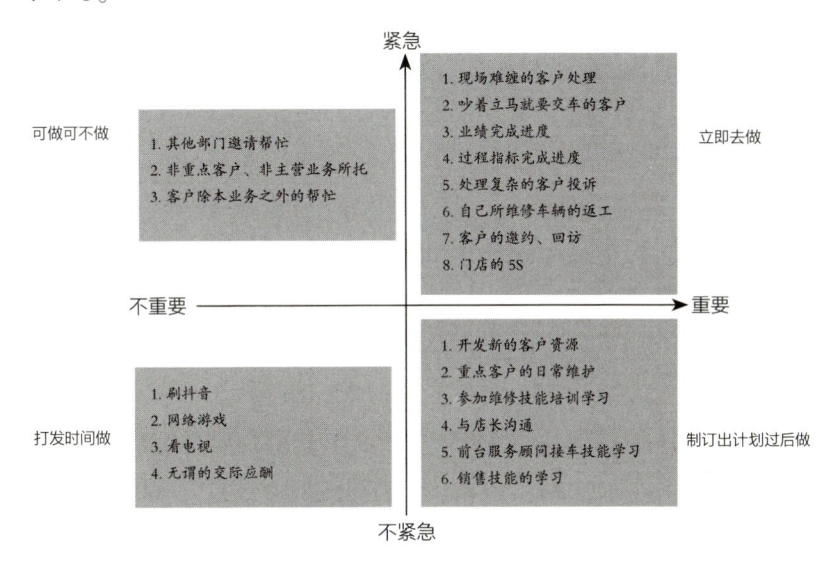

```
                                      紧急
                                       ↑
可做可不做      1. 其他部门邀请帮忙        1. 现场难缠的客户处理        立即去做
              2. 非重点客户、非主营业务所托  2. 吵着立马就要交车的客户
              3. 客户除本业务之外的帮忙    3. 业绩完成进度
                                       4. 过程指标完成进度
                                       5. 处理复杂的客户投诉
                                       6. 自己所维修车辆的返工
                                       7. 客户的邀约、回访
                                       8. 门店的 5S
    不重要 ←─────────────────────────────────────────→ 重要

              1. 刷抖音                  1. 开发新的客户资源
              2. 网络游戏                2. 重点客户的日常维护
打发时间做      3. 看电视                  3. 参加维修技能培训学习    制订出计划过后做
              4. 无谓的交际应酬          4. 与店长沟通
                                       5. 前台服务顾问接车技能学习
                                       6. 销售技能的学习
                                       ↓
                                      不紧急
```

图 4-7-2　时间管理四象限法则（员工版）

表 4-7-2 服务主管每日主要工作职责表

人员状态检查	前台晨会开启	工作排序	关注每日关键经营指标及业绩完成率	服务顾问工作有效安排监督	遗留问题处理	流程监管	服务质量管理	夕会前工作	夕会
大晨会配合									

表 4-7-3 服务顾问每日主要工作职责表

调整工作状态	工作前期准备	工作计划	温度服务	专业信赖	标准流程执行	关注关键过程指标并确保完成	服务质量保证	工作总结及日报表完成	夕会

表 4-7-4 车间主管每日主要工作职责表

人员状态检查	大晨会配合	车间晨会开启	工作排序	遗留问题处理	关注车间业务流程并监管执行	现场管理	施工效率与质量管理	配合前台做好每一位车主的专业沟通	夕会前准备	夕会

表 4-7-5 车间技师每日主要工作职责表

调整状态	工作前态度、工具等准备	服从安排	恪守职责	标准流程执行	团结协作	环境卫生	整理整顿	夕会

第四章　中级管理型店长

第8节
做好财务和货品管理
―――― SECTION 8 ――――

一、管理型店长如何做好门店财务管理

一个门店，特别是大一点的门店如果财务管理工作不到位，稍有不慎，店内将会一片混乱，比如乱账、假账、少收、欠款、钱财滥用等，整体门店的产值目标和利润目标甚至员工的提成以及客户的利益都得不到有效的保障。

因此财务管理是维持门店正常运转，保障门店、员工以及客户的利益，门店管理的重要组成部分，并始终贯穿于门店管理的全过程。

（一）日营业收入管理

营业收入是门店重要的经营指标，将日营业收入管理得井井有条是门店良性运转的基础。

现在客户支付方式多样，所以每天前台核对完成后，店长要对着所有工单将总金额再次详细核对，以确保每天营业收入准确无误。

（二）备用金管理

店内的备用金是为应对不时之需而设立的，其管理需要注意以下

几点：

1. 备用金指定负责人

店长一定要指定一个人负责付款和报销，一个人经手才不会出错。

2. 备用金使用的规范

备用金一定是因公使用的，所以对于已使用的备用金必须保存好相应的单据。

3. 店长作为备用金第一责任人

原则上当店长离职或调任时，如果发现备用金有差异，应由店长立即赔偿差额。

（三）费用管理

财务管理就是管理收入和支出，开源的同时注重节流，费用管理就是节流，即把费用支出控制在合理范围内。当然费用支出到底多少为合理，每个门店情况不一样，可以根据过往门店每月或每年的支出情况做一个测算并设定一定的标准范围。

1. 固定支出

固定支出分为投资分摊和经营费用，所有的固定支出，最好全部分摊到月。比如像前期投入的装修、设备等能用的时间比较长，就要把这笔投入分摊到实际使用周期的每个月里。比如店里买了个自动洗车机，花了 10 万元，这个洗车机能用 5 年，那每年就分 2 万元，再分摊到每个月就是 1670 元。

2. 变动费用支出

就是有销售才会产生的费用支出，比如配件、采购的物流费等。这些账目都应该分门别类记清楚。

对于变动费用，比如房租、人工成本，包括店主自身的工资、水电费等，也一定要按月计算。房租是前置付的，比如一下子集中交了3个月的房租，记账的时候也要分到未来3个月中。还有些费用是先使用后交钱的，比如员工工资，虽然是这个月发的，其实结算的是上个月的，记账的时候就要记到上个月的开支中去。

为什么都要分摊到月呢？很多老板为了尽快回收成本，前期会勒紧裤腰带，导致在经营上过于谨慎，或者赚钱心切，反而产生很多对经营不利的因素和不利的心理，从而拉长回收期。相反，一旦前期投入成本回收完，利润一下子多起来，又可能太手松，拿去投资或进更多货，产生很多不必要的开支。所以，最好让现金流保持在一个比较稳定的状态，不要像水龙头一样，一会儿太急一会儿太慢，都会给门店经营带来问题。

跟供应商结款，道理也是一样，尽量让现金流平稳一点，即把一个账期分成3个账期。比如原来一个月结一次款，可以分成3次跟供应商来结算，这样的好处就是能保证现金流在一个比较平稳的状态，避免大开大合，影响到经营决策。

（四）单据管理

发票、销售小票、顾客消费凭据，包括供应商的结算单据等，都是账务管理、售后服务，以及与供应商结算的凭证，因此必须进行标准化管理。一方面可以用表单进行收集整理归类统计；另一方面，对于一些原始票据，最好进行原件保留或者拍照保留，以备不时之需。

建议各位店长使用账务一体化报表（表4-8-1）。一体化报表就是将收入、支出、利润的整体情况，都呈现在一张表上，这样门

表 4-8-1　汽服门店账务一体化报表

项目	数值	项目	数值
日均销售		营业费用	
主营项目收入		营业费用率	
洗美装板块		一、不可控费用小计	
洗车		不可控费用率	
美容		1. 营业税金及附加费用	
装潢		营业税金及附加费用率	
洗美装收入占比		2. 销售折扣与折让	
快修快保板块		销售折扣与折让率	
常规保养		3. 营业外支出	
快修业务		4. 以前年度损益调整	
快修快保收入占比		二、可控费用（销售费用）	
轮胎及底盘件板块		可控费用率	
轮胎销售		1. 应付职工薪酬合计	
刹车片&刹车盘		应付职工薪酬率	
刹车油		其中：基本工资	
其他底盘件相关		绩效奖金	
轮胎及底盘件收入占比		福利	
事故车业务板块		社会保险	
钣喷		商业保险	
事故车大修		培训费	
事故车产值占比		2. 水电费	
主营项目成本		3. 运杂费	
洗美装成本		4. 维护维修费	
快修快保成本		5. 租金费	
轮胎及底盘件成本		6. 报损报废费	
用品销售毛利		7. 耗材费	
用品销售毛利率		8. 折旧费	
汽车用品毛利		9. 外协加工费	
汽车用品毛利率		10. 保洁费	
配件&易损件毛利		11. 盘方	
配件&易损件毛利率		12. 财务费用（如贷款利息等）	
轮胎及底盘件毛利		净利润总额	
轮胎及底盘件毛利率		净利润总额率	
轮胎销售毛利		日均客流量（人）	
轮胎销售毛利率		全店客流量（人）	
底盘件销售毛利		客单价（元）	
底盘件销售毛利率		员工数（人）	
工时费合计金额		日均人效（元）	
工时费占毛利比		人均利润（元）	
其他收入		经营面积（平方米）	
其他业务收入		坪效（元）	
其他业务收入占比		仓库存货（期初）	
营业利润		仓库存货（期末）	
营业利润率		周转天数	
		周转次数	

店的经营情况一目了然，也能帮助你做出合理的决策。

二、管理型店长如何做好门店库存管理

库存管理的核心宗旨就两点：①保证不缺常用件；②争取没有呆滞件。

（一）不缺常用件

所谓的常用件是指使用频率非常高的一些配件，诸如三滤、机油、灯泡、喇叭、火花塞、雨刮片等，这些配件单价不高，更换频率高，适用车型多，是需要常备的。

（1）通过过往各类常用件进出库的数据及频次，统计出门店哪些车型的常用件使用频率高，哪些车型的常用件使用频率低，同时大致统计出一个月能用多少这样的常用件。这样在备常用件的时候就可以有针对性去备货了，防止备得过多，消化时间长，占用资金。也防止备得过少，动不动就要进货，增加配件商的配送成本，从而增加了常用件的成本。

（2）不同的常用件需要知晓订货周期，对于进货周期快的常用配件可以适当备一个月到两个月的量。

（二）没有呆滞件

导致出现呆滞件的可能性太多了，有些是定错配件导致的，有些是配件商发错货导致的，有些是给客户订了货，最终客户不要了，等等，还有些是配件商的铺货导致库存里积存大量的呆滞件或滞销件。这些一定要及时处理，一方面是不占用仓库位置，另一方

面是及时提醒相应配件商家将货及时取走另找变现途径。

控制呆滞件的两种方法：①及时盘点，并且认真盘点，正常是一个月到两个月就要盘点一次，只有通过有效的盘点才能及时发现是否有呆滞件。②遇到呆滞件及时处理并形成记录，可以参考表4-8-2。

表 4-8-2　仓库退换员登记明细

日期	配件名称	供货商	数量	经手人	退款金额	退款到账签名及日期	备注
2021/1/1	保险杠	**汽配供应商	1	门店经手员工李四	1000	张三 2.1 日	发错货，不需要再发了

第9节 环境——门店的第一印象
SECTION 9

一、管理型店长如何带领团队做好店内环境建设

借用一句话：没有人会透过你邋遢的外表，去发现你优秀的内在。车主是不会选择一个外表邋遢的门店的。

首先我们将门店的功能区划分为室外和室内两大区域，具体划分细节见图4-9-1。

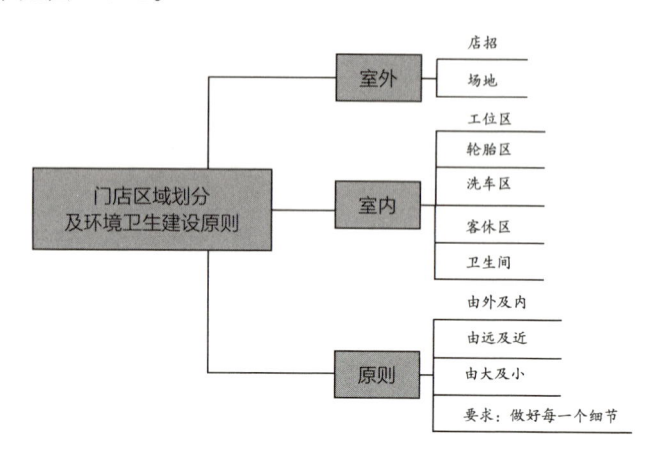

```
                          ┌─ 店招
                   ┌─ 室外 ┤
                   │      └─ 场地
                   │
                   │      ┌─ 工位区
                   │      ├─ 轮胎区
门店区域划分       │      │
及环境卫生建设原则 ┼─ 室内 ┼─ 洗车区
                   │      ├─ 客休区
                   │      └─ 卫生间
                   │
                   │      ┌─ 由外及内
                   │      ├─ 由远及近
                   └─ 原则 ┤
                          ├─ 由大及小
                          └─ 要求：做好每一个细节
```

图4-9-1 门店区域划分及环境卫生建设原则

（一）室外

室外主要涉及店招和场地，具体标准要求见表4-7-1。

（二）室内

1. 工位区环境卫生建设

工位区的卫生，一般要做到三不落地，即工具不落地、油水不落地、配件不落地。

2. 设备区环境卫生建设

设备区应遵循所有落地设备均统一划出警示线；设备保持干净；工具用完后及时归还原位，随用随取的标准。同时工具和设备一定要落实到个人，且贴上相应人员的名字。

3. 洗车区环境卫生建设

洗车区具体标准：洗完车后工具需还原到位；毛巾叠放整齐，可以卷起来叠放；沉淀池及时清理；保持墙面干爽，洗车后立即擦拭水煮，防止霉变。

4. 客休区收银台

收银台台面需要保持干净，不可放置私人物品。同时，促销信息需要放在顾客触手能及的位置。

5. 客休区礼品摆放

礼品可以堆头摆放，展示增加促销氛围。在电视屏幕上也应播放当季主推产品或门店品牌广告。

6. 客休区桌椅

客休区桌椅上要放好餐巾纸和矿泉水，以及主推产品的摆样。最好能在台面上展示当季促销信息，同时保持干净卫生，每日都要打扫。

7. 卫生间环境卫生建设

卫生间的环境卫生非常重要，展示了一家门店是否注重细节。

卫生间首先要干净、卫生、无异味，洗手台面要保持干爽，没有溢出的水。卫生间的清洁用具要摆放在隐蔽处。

为了帮助各位店长更好地落实和检查门店环境卫生建设的工作，提供一个门店环境卫生自检表样本，见表4-9-1。

在做好店内环境建设的同时，也要落实好环境保护制度。

（1）认真贯彻执行"预防为主、防治结合、综合治理"的环境保护方针，遵守《环境保护法》《大气污染防治法》《环境噪声污染防治法》等有关环境保护的法律法规。

（2）积极防治废气、废水、废渣、粉尘、垃圾等有害物质和噪声对环境的污染与危害，按生产工艺安装、配置"三废"处理、通风、吸尘、净化、消声等设施。

（3）定期进行环境保护教育和环保常识培训，教育职工严格执行各工种工艺流程，工艺规范和环境保护制度。

（4）严格执行汽车排放标准，全面实施在用车辆的检查／维护制度（I／M制度），控制在用车辆的排放污染，在维修作业过程中，严禁使用不合格的净化装置。

（5）严格执行车辆噪声抑制技术标准，确保修竣车辆的消声器和喇叭技术性能良好，在维修作业过程中，严禁使用不合格的消声装置。

（6）车辆竣工出厂前，要严格检查车辆尾气排放和噪声指标，对尾气排放和噪声指标不符合国家标准的，不得出厂。

表 4-9-1 门店环境卫生自检表

店面：_____ 检查时间：_____ 检查人员：_____ 综合得分：_____

区域	项目	序号	执行标准	评分	打分	备注
			整体区域			
室外	户外场地	1	区域划线标准，无乱停及堵车现象，方便顾客进出	2		
	店招	2	门头无明显脏乱痕迹，不可粘贴任何广告	2		
		3	店前 10 米无明显垃圾、烟头、废旧纸张和积水	2		
		4	门头灯箱夜晚常亮，损坏及时报修	2		
室内	地面	5	瓷砖/工位划线	2		
	顶面	6	灯光/吊顶	2		
	墙面	7	墙皮粉刷/不可张贴其他物料	2		
	货架	8	轮胎货架是否饱满整齐	2		
		9	机油货架是否饱满整齐	2		
		10	促销物料是否明显（价格牌）	2		
	基本物料	11	门店照明设备完好，光线保持明亮、不昏暗、不刺眼	2		
		12	门店宣传物料应规范张贴、保持整洁、无破损、无过期宣传品、无褪色、卷边等问题	2		
		13	其他宣传物料/会员政策/价格标牌等	2		
			细分区域			
工位区	设备整洁	14	设备维护人员	2		
		15	设备使用完毕，恢复原貌，定期（半年）刷新一次	2		
		16	地面划线，归置设备工具	2		
		17	千斤顶	2		
		18	工具箱/车	2		
		19	大剪	2		
		20	小剪	2		
		21	平衡机	2		
		22	四轮定位	2		
		23	扩胎机	2		
		24	扒胎机	2		
		25	换油设备	2		
	洗车间	26	水枪	2		
		27	洗车机	2		
		28	排水情况	2		
		29	格栅/沉淀池	2		
		30	洗车毛巾/毛巾架	2		

续表

区域	项目	序号	执行标准	评分	打分	备注
客休区	收银台	31	桌面是否整洁	2		
		32	计算机&打印设备操作是否正常，有无损坏	2		
		33	监控是否正常录像可正常回放	2		
		34	门店电话正常解答，来电3声响有人接听	2		
		35	放置当季促销及会员优惠	2		
	休息区	36	休息地面桌椅整洁	2		
		37	桌面摆放纸巾/门店杂志/价格桌面标牌或促销活动	2		
		38	Wi-Fi密码提示	2		
		39	客休区无异味	2		
		40	温度适宜	2		
		41	带盖垃圾桶	2		
	卫生间	42	洗手台整洁干净只可放置洗手液、无水渍、无污垢	2		
		43	小便池/马桶无异味	2		
		44	卫生纸位于马桶右前方，距地面80cm	2		
		45	带盖垃圾桶及时清理	2		
系统	开单	46	会员信息及手机号码录入准确	2		
		47	到店服务顾客都已根据服务项目开具工单对应录入系统	2		
		48	车辆信息真实完善	2		
	结算	49	工单及POS单与结算信息一致并一一对应	2		
		50	工单 顾客签字真实性检查	2		
补充区域						

*满分100分，低于及格分需立即停顿整改，整改完成后方可对外营业。
店长签字：_____ 整改时间：_____

二、管理型店长如何带领团队做好安全生产管控

安全生产管理是店长对门店的基础且重要的一项管理，要常抓不懈，最好能做到日日检查，日日管控，毕竟安全生产无小事。

为保证企业生产正常进行，保障人身和财产安全，全体员工必须严格遵守下列规定：

（1）必须按相关的《安全技术操作规程》进行生产作业。

（2）工作时不得擅离岗位，不得干与本职工作无关的事情。工作时间如需外出，必须说明情况严格办理出厂手续，因公因私等情况在填写外出说明时必须明确说明，店长需进行明确定性，方可同意外出。

（3）必须按规定穿戴劳动保护用品，不得穿拖鞋上班，车间内严禁吸烟。

（4）非工作需要不得动用任何车辆，车在厂内行驶车速不得超过 5km/h，不得在厂内试刹车。

（5）加强对易燃物品的管理，易燃物品必须按规定使用和存放。

（6）各工位应配备有充足的灭火器材，并加强维护保养使之保持良好的技术状态，所有的员工应学会正确使用灭火器材。同时店长要定期带领团队举行消防演练及安全知识培训，定期对消防器材进行检查。

（7）工作灯应采用低压（36V 以下）安全灯，工作灯不得冒雨或沾水使用，应经常检查导线、插座是否良好。

（8）手湿时不得搬动电力开关或插座。电源线路、保险丝应按规定安装，不得用铜线、铁线代替。

（9）下班时，必须切断所有电器设备的前一级电源开关。

（10）每天上班前，店长或者店长指定专人对全厂进行安全检查并重点检查举升机等重点设备。同时店长需要对重点设备及举升机指定专人进行定时保养与安全检查测试，以确保举升设备安全万无一失。

（11）认真贯彻执行"安全第一、预防为主"的方针及国家有关的安全生产法律法规，制定适合本单位的安全管理制度和各工种、各机电设备的安全操作规程，并定期检查制度的落实情况。

（12）按照《安全生产法》的要求设置安全生产管理领导机构，生产部门和班组应配备专（兼）职安全生产管理人员，负责督促、教育和检查职工执行安全操作规程。

（13）定期进行安全生产教育和安全知识培训，教育员工严格执行各工种生产流程、生产规范和安全操作规程，不得违章作业。

（14）维修车辆前，应将车辆停、架牢固后方可作业。举升设备应由专人操作，非工作人员不准进入车下，举车时不准检修举升设备。立柱式举升机在下落、举升以及没有进入保险的情况下，严禁在举升机下面站人。

（15）路试车辆必须由具有驾驶证及技术熟练的试车员进行，并在规定的路段上进行。

（16）有毒、易燃、易爆物品和化学物品，粉尘、腐蚀剂、污染物、压力容器等应有安全防护措施和设施，压力容器及仪表等应严格按有关部门要求定期校验。

（17）根据季节变换切实做好防火、防涝、防冻、防腐及防盗工作，并制定相关措施，配备消防器材。配电设施线路确保完好，性能可靠，使用移动电具应有安全防护措施。

（18）发生事故要及时向上级主管部门汇报，保护好现场，查明原因妥善处理。

以上共计18条安全生产准则，主要是从门店财产安全、员工人身安全、确保客户安全、环境安全4个维度确保门店生产安全。除此之外，严格控制废气排出等，特别是有钣喷业务的门店，一定要切记，在顾及自己厂内安全的同时，也要顾及周边环境的安全。

第10节 四象限工作法
SECTION 10

一、管理型店长如何通过清单思维规划每日工作

制订每日工作清单的方法比较多,本书推荐简单易行的四象限法。这个方法在讲时间管理时已经详细讲过了,这边就不再赘述。

二、管理型店长如何做好下情上达及上情下达

店长属于门店的中层管理者,上有老板投资人,下有主管和员工,作为中层的店长对下要管理好部门主管和员工,对上还要处理好与老板或顶头上司的关系。

老板对于店长经营管理一家门店是有一定的预期和期望的,同时员工对于门店的经营管理和福利待遇甚至自身的发展也是有一定的预期和期望的。店长在管理运营一家门店时,要通过做好上情下达和下情上达来平衡好门店的利益,经营好门店,在实现门店的利益与员工利益的同时,也充分体现店长的价值。

（一）一定要充分了解顶头上司的意图和经营目标，同时了解员工的工作状态和期望等相关信息

店长是老板和员工的桥梁，既要充分了解老板或顶头上司关于门店经营的目标和计划，同时也要了解每位员工的工作状态和工作愿景。

店长在日常管理门店的过程中，要及时将老板或顶头上司对于门店经营目标与规划明确传达给下面的基层管理人员和员工，确保上下齐心目标一致。

同时店长也需要及时将基层管理人员及员工的工作状态反馈给顶头上司或老板，如果遇到下属对门店上层有质疑或误会，必要时可以求得高层管理人员的帮助。

（二）要与门店所有成员达成对店长一职的客观认知

很多老板和店长以及员工对于店长一职的认知存在着巨大的不合理化，大多数老板或员工甚至店长自身都认为店长一定就是全能型的，这也是导致很多店长越做越累、员工越养越懒的主要原因之一。

我们建议门店店长和老板同步学习店长课程，最根本的目的就是确保老板与店长对店长一职的认知同步。

同时店长还要对全体员工进行不断的说明和强调，店长一职的主要职责有哪些，并不像他们所认为的店长一定是全能的，也并不是所有的工作都可以让店长来善后。

店长只有这样对上和对下明确身份和职责后，才能充分与你的上下级明确工作职责的界限，也才有助于后续更高效直接的上情下达和下情上达。

（三）在做上情下达以及下情上达时如何做好对上管理

1. 做好下情上达的工作

作为中层管理者，上有领导，下有下属，这个时候，要充分做好向上级领导汇报经营进展的工作。对于上级领导提出的问题，回答一定要清晰、客观和准确。

2. 做上级的左右手

中层管理者要学会维护上级的尊严，不要喧宾夺主。平时多倾听上级的看法和意见，了解上级的相关情况，在上级困惑时积极提建议，真诚地接受上级的批评，并且做到有错就改。

3. 不要盲目追随错误

如果你的上级在工作中出现了错误，不要因为怕得罪上级就不说，可以选择没有人的时候委婉地提一下。

（四）在做上情下达时如何面对员工做好向下管理

店长在门店日常管理中经常需要做上情下达的工作，这个时候也难免会遇到下属员工对"上情"的不理解或者抱怨。作为店长，一定要站在中立面客观充分地进行协调，千万不能一边倒，站在员工角度一起抱怨门店，或者站在门店角度强势要求下属，这都是不好的传达行为。店长一定要保持中立再三权衡门店整体利益与员工的利益，如果矛盾，应积极与上层和下属员工取得充分的沟通和协商，确保上情顺利客观下达，下情顺利客观上达。

第11节 识才、爱才、惜才
SECTION 11

用错人的代价巨大。

人和人之间是有差别的,不要用你的标准衡量别人,也不要用一个员工的标准衡量另一个员工,更不要用别家门店员工的标准来衡量店内的员工。作为店长一个重要的工作就是发掘团队所有成员身上的擅长点和不擅长点,充分做到知人善任,用人所长。

一、识才

汽服行业人才有三种类型:技术型、销售型、管理型。可以配合使用识才的三个维度和一个工具(图4-11-1)对员工进行测试。

二、爱才

对人才最好的爱护就是人尽其才,说得通俗一点就是要将合适的人放在合适的岗位上。

第四章 中级管理型店长

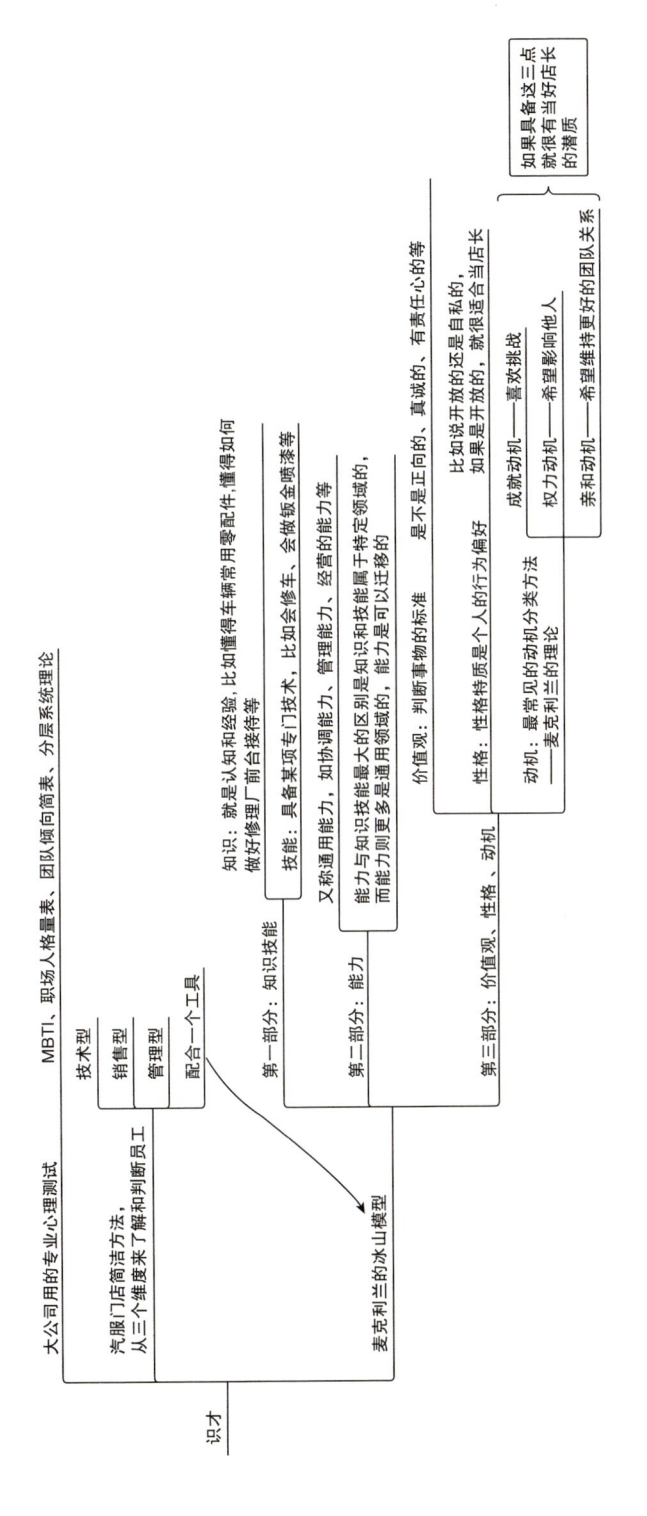

识才
├─ 大公司用的专业心理测试：MBTI、职场人格量表、团队倾向简表、分层系统理论
├─ 汽服门店简洁方法，从三个维度来了解和判断员工
│   ├─ 技术型
│   ├─ 销售型
│   ├─ 管理型
│   └─ 配合一个工具
└─ 麦克利兰的冰山模型
    ├─ 第一部分：知识技能
    │   ├─ 知识：就是认知和经验，比如懂得车辆常用零配件，懂得如何做好修理厂前台接待等
    │   └─ 技能：具备某项专门技术，比如会修车、会做钣金喷漆等
    ├─ 第二部分：能力
    │   ├─ 又称通用能力，如协调能力、管理能力、经营能力等
    │   └─ 能力与知识技能最大的区别是知识和技能属于特定领域的，而能力则更多是通用领域的，能力是可以迁移的
    └─ 第三部分：价值观、性格、动机
        ├─ 价值观：判断事物的标准
        │   └─ 是不是正向的、真诚的、有责任心的等
        ├─ 性格：性格特质是个人的行为偏好
        │   └─ 比如说是开放的还是自私的，如果是开放的，就很适合当店长
        └─ 动机：最常见的动机分类方法——麦克利兰的理论
            ├─ 成就动机——喜欢挑战
            ├─ 权力动机——希望影响他人
            └─ 亲和动机——希望维持更好的团队关系
            ⎱ 如果具备这三点就很有当好店长的潜质

图 4-11-1 识才的三个维度和一个工具

175

三、惜才

既然前面经过千挑万选，通过用心良苦培养出想要的人才，就千万不要拱手让给别人。要了解员工，了解他们的物质需求、精神需求，在工作和生活上给予更多的帮助，才能留住人才。

在识才、爱才和惜才这三个方面，店长最重要的是先做好识才工作，只有找到合适的人才，后面的事情才成立，如果识才都没做好，那后面所有的工作都不可能成立。

人才是门店最宝贵的资产，作为店长要慎重对待人才选择与留用事宜，一定要遵循人无完人的事实，一个门店靠一两个超级个体永远是做不强做不大的，一定是靠一个训练有素、互相配合、取长补短的团队。

第 12 节
对外协作怎么做
SECTION 12

一、与配件商的协作

一是不要恶意压价，这样有可能影响配件品质，毕竟一分钱一分货；二是不要让配件商恶意铺货，铺货虽然表面是把资金压力转嫁给了配件商，但这同时也增加了门店的配件成本；三是不要拖配件商的款项，如果门店的结算信用不好，那配件商就会要求现款现货，要么就是比同行高出很多的配件价格，所以门店在配件商面前也得保持一个好的信用。

二、与外部技术人才的协作

由于汽服门店面临的车型比较多，不是每辆车的问题自己门店的技师都能够有效解决，此时就会涉及外部技术人才协作的问题。店长平时得有意识地去结交一些专修某类车型的老板或者技师，最好是与门店相距十几公里以上的。同时还要结识一些主流车型专业4S店的技术总监，他们对某一品牌车辆的了解最为专业。

三、店内业务外部协作

很多单店由于自身工位限制，或者是不想养太专业的技师，但店长又不想失去客户。这个时候就会出现店内业务外部协作的问题。店长可以选择一些有好口碑的外部技师合作，哪怕少赚一点，但活一定要做好。

店内业务外包协作需要注意两点：①店内主营业务不能停，更不能指望外包业务来赚大头；②找外部技师协作的时候，一定要找一个技术好的技师合作，把品质口碑做出来，否则这类业务还不如不做。

第五章

高级经营型店长

第1节
汽服门店的本质
SECTION 1

一、汽服门店经营的本质

汽服门店经营的本质是研究如何赚钱，学习经营就是学会赚钱的本领。

店长首先要思考的就是门店赚钱的方法。

很多门店店长习惯用过往赚钱的方式来应对现在门店的经营管理，但发现根本行不通。行业在变化，竞争格局在变化，车主在变化，员工在变化，整个汽车的大环境都在变化。

店长最主要的工作是内部的人、货、场的管理，通过方法和制度，目标是提高效率。而经营面对的是门店外部环境中的不确定性，更多的是做决定和选择，目标是提高效益。

经营者的使命是赚钱，而管理者的使命是降低成本提高效率，如果经营出现失误，即使管理做得再完美，门店也不会赢利，很有可能管理做得越好，给门店带来的灾难越大。

二、汽服门店经营的四大基本元素

（一）顾客价值

到底什么是顾客价值，在经营门店的过程中到底如何做才能体现顾客价值，注重创造顾客价值到底能给门店带来哪些收获？

顾客价值并不是一个概念，而是一种战略思维，是一种行为准则。这个准则和思维用另外一个方式来表述就是"以顾客为中心"，再简单点说就是想客户之所想，急客户之所急，特别是当门店的利益与顾客利益相冲突时，以及员工利益与顾客利益相冲突时，都需要做出艰难取舍。当冲突发生时，所有的人都应不假思索且不约而同地选择以客户利益为中心，牺牲门店利益以及个人利益，这就是真正顾客价值思维，也是全门店上下的行为准则。

在经营门店时，一切从顾客开始，为顾客创造价值，随时关注顾客的变化，顺应顾客的消费习惯与消费需求，即使这个门店管理上稍微逊色一点，生意也不会差到哪去。

（二）有竞争力的合理成本

作为门店的经营者，不应该一味地追求最低成本，因为没有最低成本，成本只有合理，既不能牺牲配件品质来降低成本，也不能通过使用廉价劳动力来获得成本优势，这都是致命的做法。

要确保产品和服务还有技术持续符合顾客的期望，而不要为了降低成本让顾客一再地对门店失望，最终导致客户的流失。

（三）有效的规模

规模指单店的规模，以及区域连锁的规模，甚至全国连锁的规模。规模的本质意义是带来成本优势，带来市场影响力，从本质上讲是竞争，而非顾客。

很多汽服门店的经营者追求规模的背后其实是为了有效地获得成本优势和市场影响力，而不是规模本身。但很多人没有理解规模的本质意义，为了追求规模而追求规模，最终弄得赔了夫人又折兵。

在追求规模的同时要平衡好利润，同时还要坚持围绕以顾客为中心，不能麻木地去追求降低成本，更不能盲目地去追求规模。

（四）深具人性关怀

君子爱才，取之有道。也就是说，所有利益的来源都应该是充满人性的关怀的。人性的关怀是员工的关怀，股东的关怀，客户的关怀，以及社会群体的关怀。

汽服门店做好员工关怀和客户关怀就好。有些门店规模做得比较大，企业组织也比较健全，股东也比较多，那就要顾及股东关怀，甚至社会群体的关怀。

客户关怀以客户为中心。

员工关怀，就是：①充分了解每位员工；②掌握每位员工在门店上班的诉求；③定期了解员工的基本需求；④针对不同的员工采取他认可的方式做好精神关怀和激励以及物质关怀和激励；⑤建立归属感，给每位员工一定的空间和自由，同时进行明确分工，引导员工做自己的主人，做门店的主人；⑥一定要客观对待每位员工，千万不能带着个人喜好与恩怨来与员工相处，尽全力做到面对全员客观、真诚和开放。

第 2 节
升级为经营型店长
SECTION 2

一、经营型店长课程概述及角色认知

经营型店长顾名思义就是侧重于门店的经营,在门店日常管理运营中,最难的就是经营。为什么经营最难呢?因为其他方面都有章可循,而经营是变化无常且无章可循的,是要靠多年的行业积累,随着大环境的变化及时做出调整的,一不留神就会导致全盘皆输,可见经营能力对于一个店的店长而言挑战有多大。

那作为经营型店长在门店到底充当何种角色呢?随着我们店长级别越来越高,按照我们人才培养梯队讲的话,经营型店长下面一定有一位有能力的管理型人才,能撑起门店的日常管理,此时店长才能再往上一个台阶:关注门店的经营。

(一)经营型店长一定是首席信息官

经营型店长平时一定要注重收集来自各方面关于行业的相关的信息,包括同行信息、消费者信息、国家政策、地方政策以及跟车辆相关的所有信息。同时经营型店长还要有一项最关键的能力,就是要能够分辨出所收集到的信息的真假,并有效利用收集回来的信息,为门店经营指明方向,避免犯错,确保赢利。

（二）经营型店长一定是首席数据分析师

经营型店长管理门店一定不是拍脑门管理，而是先收集数据，并对数据进行全面分析，从而能准确地发现门店的问题，并能快速拿出解决方案，确保门店能持续赢利。

（三）经营型店长一定是一位合格的领导者

经营型店长对于团队的管理，一定不是靠强管控，而是靠领导力去影响和带动身边的同事，这一板块我们在讲店长领导力的时候会进行详细讲解。

（四）经营型店长一定是一位合格的激励者

经营型店长既要激励团队共同前行，同时也是一位自我激励者，激励着自己不断前行。

（五）经营型店长一定是一位合格的掌舵者

经营型店长掌握着门店经营的生死大权，特别是在市场竞争激烈的今天，行业在变化、车主在变化、员工在变化、经营环境在变化。比如随着新能源汽车越来越普及，传统汽车维保门店到底该何去何从、门店赢利项目该作何调整等，都需要经营型店长把握方向，确保门店能跟上社会发展潮流，确保持续赢利。如果你的团队是营销型团队，可以转型做洗美装；如果是技术型的团队，可以转型去学新能源的技术。

二、请对传统的经营理念说再见

很多店长还停留在过往赚钱的逻辑上，不愿意改变。但到目前为止还在坚持用过往的那套挣钱逻辑来继续经营门店的，几乎都利润微薄，甚至会经营不下去。

比如到目前为止还有些门店把基础保养看得很重，然而现在基础保养的价格都已经很透明了，很多互联网巨头的连锁店已经把机油的价格打透了，如果作为门店经营者还指望靠卖机油来挣钱，那就要反思一下是不是经营理念出了问题。

（一）利润

旧的经营理念认为：所有的产品都保持一个低利润的状态进行销售，利润越做越低，最终越做越被动。

新的经营理念认为：不该赚钱的产品和项目坚决不赚，该赚钱的产品和项目一分不少地赚。标准就是车主比较熟悉的产品和服务，并且频次高同时又是车主的显性需求的，就要少赚钱，甚至不赚钱，比如洗车、机油、轮胎等；车主不熟悉的产品或服务，并且频次低的同时又是车主的隐性需求的，就要保持合理的利润。比如换变速箱油，很多车主都不知道车子开了后还要换变速箱油，需要专业人士诊断并进行专业更换。

很多店长认为互联网平台上的产品价格打得很低，实体店竞争不过他们。其实仔细去看一些互联网平台上的产品价格，很多产品都不便宜，有些甚至比实体店卖得还贵，为什么呢？因为他们很清楚地知道不该挣钱的就直接把价格放最低，从而吸引客户流量同时还给潜在车主造成网上很便宜的假象。所以汽服门店唯有改变经营理念，多去研究和掌握一些关键的信息，不要人云亦云，互联网平台的连锁店也是企业，是企业就要赢利，只是赢利点不同。

（二）客户

增量时代转为存量时代。很早一批的汽服门店从业者从来没有为门店流量而愁过，从 2018 年汽服门店客流量出现断崖式下滑，很多门店经营者都不知道"流量"为何物，而"流量"二字在其他行业已经被说烂了。

随着汽服门店行业竞争越来越激烈，增量时代进入存量时代，汽服门店经营者们的经营理念也发生了翻天覆地的变化——以顾客为中心的经营理念和经营模式来要求门店全体成员，调动员工的积极性服务好每一位进店客户，确保客户的满意度与回头率。

（三）员工

现在年轻人就业选择很多，导致汽服门店员工越来越难招，也越来越难留。

这个时候对于员工的选择、招聘、培训、激励、留任等的考验都比较大，经营者也要花费巨大的精力在这方面。

对于员工的选、育、用、留不能像以前一样要重点培养新员工的工作兴趣。

三、经营型店长必须了解的"经营"与"管理"的不同

经营和管理有所不同，正如现代管理学之父彼得·德鲁克所言："我认为，管理是正确地做事，经营是做正确的事。"在汽服门

店日常经营中，很多店长搞不清楚经营与管理的关系，经常把经营与管理混淆了，其实管理面对的是企业内部的人、事和物，更多的是方法、制度以及流程，目标就是提高效率。经营面对的是企业外部环境中的不确定性，更多的是做决定和选择，目标是提高效益。经营者的使命就是赚钱，而管理者的使命主要是降低成本，提高效率。

从某种意义上说，管理是经营活动的一个子项，重点在于是解决成本问题，降低成本则会增加利润。但如果经营出现失误，即使管理能做到零成本，门店也不见得会赢利，举个最简单的例子，如果你的门店是开了10年左右的老牌门店，那你的客户群体大多都是五六十岁的车主。

如果门店不及时调整客流定位方向，仍以吸引五六十岁的车主进店为方向，那么无论管理做得多好，引流过来的车主群体的消费意识和主动性都将越来越弱。这最终会导致客户老龄化，无法吸引新兴消费者进店，使得门店经营越来越被动。

正如我们开篇所讲，管理是为经营服务的，只有经营上明确好正确的方向，管理得越好，门店才会越好，如果经营方向不对，管理得越好，可能死得越快。

管理是对内的，尽可能把事做正确，虽然也很难，但最起码还有章可循，只要肯学活用，还有可能学会。而经营更多的是定方向，做取舍，主要是对外的，很多时候是无章可循的，经营涉及一个人的悟性甚至天赋，想通过纯粹的学习和生搬硬套，是很难成功的。

第3节 经营型店长做什么
SECTION 3

一、经营型店长日常主要职责以及有效履行

（一）经营型店长的日常主要职责

1. 把握行业发展动态调整门店经营方向

经营型店长不能像管理型店长那样把所有的时间都花在店内管理上，而是要将眼光放到店外，要放眼所在城市甚至整个行业，去观察行业发展的趋势，及时调整门店的经营思路与经营方向。

经营型店长要随时关注行业的变化、车主的变化、环境的变化，随时调整门店的经营策略和经营方向，比如当新能源汽车普及后，门店的业务是不是也要进行相关的调整和升级呢？年轻的车主追求个性的装饰和改装，门店的经营者是不是可以提前做一些布局呢？类似这样的规划和经营方向调整是一个经营型店长必备的技能。

2. 数据收集与数据分析

经营型店长不直接参与门店的一线生产，但如何能快速掌握门店的经营状况以及如何能客观分析判断出门店主要问题所在，及时有效指导相关中层做好经营路线的调整与规划呢？这就涉及门店日常经营数据的收集与分析能力，因为只有通过数据分析出来的情

况，才是门店的真实情况，才能帮助经营型店长快速找到店内问题之所在。举个例子，如果门店业绩下滑，经营型店长首先要做的就是收集数据，然后做相关的数据分析，主要先看影响产值的几个关键因素：进店量、客单价、回头率，然后深入看其他相关的数据，如单品的销售、顾客年度消费金额和消费次数等。所以，对于店内日常经营的数据采集与分析能力已然成为经营型店长不可或缺的能力职责之一了。

3. 确保门店赢利

店长是门店产值的第一责任人，业务型是靠自己干出来的，管理型是靠带团队干出来的，经营型则是靠及时正确调整经营战略和策略拼出来的。所以，赚钱的能力对于经营型店长尤为重要。

（二）有效履行

分享一个心法工具，始终要以终为始来制订计划，你想达到什么结果，或者实现什么目标，那就以这个结果或目标来倒推需要什么样的实施计划和过程。再配合循环法来指导你日常的工作（图5-3-1）。无论是面对自己的工作还是团队的工作，都可以用这套工具进行自检或者要求团队用这套工具进行自检，有助于帮助自己或团队有效提升工作能力以及执行力，使自己或团队快速得到结果。

二、经营型店长如何跨越管理者成为经营者

店长有两个很难跨越的门槛：一是从执行者到管理者跨越；二是从管理者到经营者的跨越，而且第二个跨越比第一个跨越还要难。

第五章 高级经营型店长

PDCA 循环工作

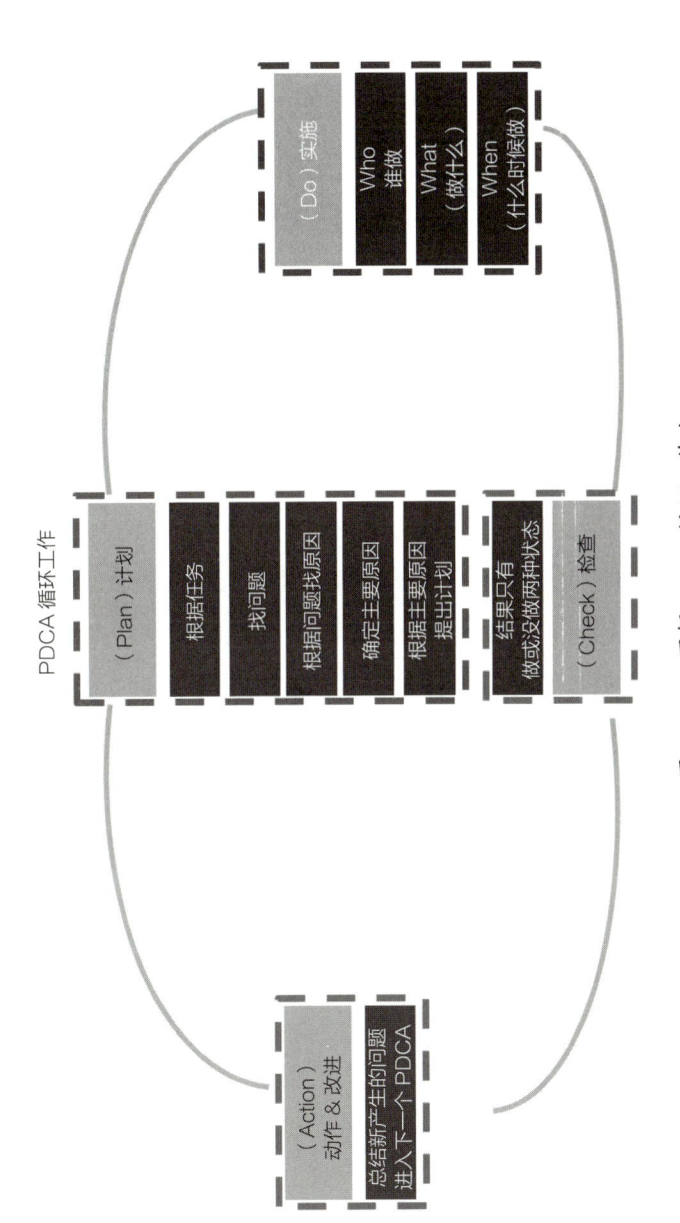

- （Plan）计划
  - 根据任务
  - 找问题
  - 根据问题找原因
  - 确定主要原因
  - 根据主要原因提出计划

- （Do）实施
  - Who 谁做
  - What （做什么）
  - When （什么时候做）

- （Check）检查
  - 结果只有做或没做两种状态

- （Action）动作 & 改进
  - 总结新产生的问题进入下一个 PDCA

图 5-3-1 图解 PDCA 循环工作法

（一）在成为经营型店长前必须培养出管理型店长或管理型人才

店长在成为经营型店长前，最好能先培养出一个管理型店长。如果门店培养出一个管理型店长有难度，那就将前台主管和车间主管重点培养，确保这两个部门主管在工作协调上没有任何问题，然后让两位主管带领两个部门的同事进行磨合训练，最根本的目的就是不要让经营型店长还深陷门店运营与管理的细节中。经营型店长需要时间去学习和思考，需要了解行业信息与变革，需要采集与分析门店的经营数据，并能发现其他同事和管理层所不能发现的问题。

（二）经营型店长要侧重于领导力的提升

管理型店长还是要在一线做好现场管理和员工的教育与帮扶，行使更多的还是管理权力。然而经营型店长，要提升自己的领导力，给员工做好榜样和能力激发，让员工意识到我要怎样干。经营型店长首先得具备领导者的特质：①自信乐观；②诚实正直；③自我驱动；④勇于担责。

（三）从定性分析问题到定量分析问题

对于很多业务型店长甚至管理型店长，在分析判断门店问题或人员问题的时候，更喜欢用的词语是"我感觉""我觉得""我认为"等。经营型店长分析门店的问题要从定性到定量，一切通过数据说话。在收集门店数据的时候一定要求100%准确，否则后续基于数据分析问题制订解决方案时，做得越到位，错得越离谱。

经营型店长一定要习惯定量分析问题，这样分析出来门店的问题才足够客观与准确，店长心里也更有底，在推行改革时，制订出来的方案也更有针对性，改革成效也会更大。

第 4 节
从管理力到领导力
―――― SECTION 4 ――――

一、经营型店长领导力评估及自测

领导力是最近十几年管理学上非常热门的话题，在很多人心目中，领导力就是权力，作为店老板，作为店长，岗位赋予了权力，其实权力并不等于领导力。

其实领导力简单地讲就是存在于领导者和被领导者之间施加影响的一种关系。任何门店都是由一群独立的个人构成，之所以要形成一个组织，就是因为靠一个人无法达成门店生产和经营的目的，所以需要一群人形成一个有效协作的组织。而这群人必须有一个领导者去引领，否则群龙无首。领导者完成这个任务的基础不仅仅来自他的岗位赋予他的权力，还来自超越岗位权力的影响力。同时领导者还要做好关心任务与关心人的平衡，不能一味地在乎任务，而忽略了对人的关心，那就不是一个合格的领导者了。

所以可以理解为领导力也是一种影响力，美国通用电气公司CEO韦尔奇说过一句名言："当你成为领导者之前，自己的成长是成功；而你当了领导者之后，帮助他人成长，才是成功。"

你可以使用领导密码自我测评表（表 5-4-1），该表格可以从 5 个维度对自己的领导力进行客观评估。

表 5-4-1 店长领导力密码自我评估表

你在哪一方面的平均分最高,这一项就是你在领导力密码的长项。
在个人素质领域,如果你在任何一项的得分在 3 分以下(包含 3 分),请思考你将如何提升这一项能力,以确保卓越领导力。

勾勒愿景(战略家)	1	2	3	4	5	6	7	8	9	10
我充满好奇心,对未来有构想										
我会围绕车主第一来设计战略										
我会设计机制来保障战略实施落地										
我会激励团队来执行战略										
					战略家总分			平均分		
主动变革(执行者)	1	2	3	4	5	6	7	8	9	10
我会主动寻求变革										
我会遵循决策流程										
我能确保任务责任到人										
我擅长搭班子建团队										
我熟悉行业新的产品和技术										
					执行者总分			平均分		
激励人心(人才管理者)	1	2	3	4	5	6	7	8	9	10
我能扣动团队心灵扳机										
我能链接各部门确保众人同										
我会想办法提升组织能力										
我擅长营造积极的团队氛围										
我擅长协调内外部资源										
					人才管理者总分			平均分		

续表

培养接班人（人力资本开发者）	1	2	3	4	5	6	7	8	9	10
我合理规划团队梯队										
我能把公司/门店使命与员工个人愿景链接起来										
我能帮助团队成员做职业规划										
我擅长发现并培养下一代人才										
我鼓励组织内形成良好的人际关系和协同关系						人才资本开发者总分		平均分	0	

自我修炼（个人素质）	1	2	3	4	5	6	7	8	9	10
我思路清晰										
我了解自己										
我能承受压力										
我善于学习										
我为人正直										
我善待自己										
我精力充沛						个人素质总分		平均分	0	

二、经营型店长如何有效提升领导力

（一）组织和工作能力

经营型店长需要能快速将工作进行分解，组织全体员工高效完成。举个例子，门店决定大扫除，经营型店长首先要获知门店决定大扫除的目的到底是什么？其次要了解准备多长时间做大扫除，以及具体做哪些区域，明确大扫除的清洁标准，做到什么程度算好。最后就是结合大扫除时间以及具体的区域安排适合的团队成员对照标准进行大扫除，如果门店区域较大、人员较多，那每个区域设定一个临时责任人，让这个责任人带领相关人员进行大扫除。这就是具有领导力的店长应有的做法，而不是自己冲在前面，一会儿自己打扫，一会儿还要去指挥每一个员工。

（二）团结大多数人，让每个人各尽其才充分发挥作用

什么叫团结大多数人，就是不要想着能团结所有人，同时还要充分了解每一个主力员工的特长、能力以及秉性，知道什么样的员工放在什么样的岗位上能发挥最大的作用，充分做到人尽其才。人才分三种：一是销售型人才；二是技术型人才；三是管理型人才。作为经营型店长应该能做到充分识别下面的各类员工属于哪类人才，只有这样才能做到人尽其才。关于人才的辨别在前文中已做了详细讲解，这里就不展开了。

（三）施展专业能力和展现个人魅力

如果想提升领导力，就要提升专业能力以及展现个人魅力，只

有这样才能让你自己真正走进下属的心中。

所谓专业能力，就是必须有一个拿手绝活，能让所有人都折服的，这个在业务型店长课程里都有讲过。个人魅力的展现，方式多种多样，核心是要有格局，要懂得顺应时势，遇事多替别人考虑。

（四）领导四大特质

关于四大领导特质，前面简单介绍了一下，这一节稍微花点篇幅展开一下。①自信乐观。自信的背后是实力，乐观的背后是积极，领导都要靠实力征服下属，要能吸引下属跟随你。②诚实正直。建立信任最根本的点在于诚实正直，要做员工信得过的领导。③自我驱动。只有具备自我驱动的人才初步具备做店长的资格，管理层都是自我驱动型人才。④勇于担责。不轻易承诺，但一旦承诺，就要全力以赴，对事情的最后结果承担责任；当事情超出自己可以掌控的范围的时候，首先想到的是如何尽最大的努力把事情善后，而不是不了了之；遇到问题不要抱怨，冷静地分析客观原因，诚实地做出解释，即使没做好，也要找到原因所在，不要把责任推给其他人。

第5节
高效经营离不开数据分析
SECTION 5

一、经营型店长如何做好日、周、月工作计划并有效实施

经营型店长最好能将每天要做的事，每周要做的事，以及每月要做的事全部预先规划好，只有这样才能做到忙而不乱，稳中求胜。

日、周、月计划表就如同绳子，店长要做的事情就像一个个珍珠，这根绳子将店长要做的所有的事情分别以日、周、月为周期串起来，这有助于店长有效统筹合理安排每一阶段的所有工作。

（一）日工作计划

店长日工作计划的核心是让每位员工明确知道每天每个时间段应该干什么，以及忙的时候应该干什么，闲的时候应该干什么（图5-5-1）。

日工作计划表参考表5-5-1。

第五章 高级经营型店长

店长日工作的核心：让每位员工明确知道每天应该做什么，忙的时候应该做什么，不忙的时候应该做什么

1. 店长日工作计划 —— 店长用日常工作手册进行有效指导
2. 门店日工作计划 —— 门店从早上开门到晚上营业结束，每一个工作环节中每一个人该做什么都应该有规定，即使店长不在门店，相关同事也能做到按计划和流程工作
3. 如何开好早会
   - 热场
   - 学习
   - 工作安排
   - 奖励
   - 结束
4. 员工绩效点评、教练、分析 —— 日绩效的点评侧重点在于具体执行和工作改善
   - 需要店长有现场管理工作分析能力和教练能力
   - 在店长现场管理中，随时观察整个门店和员工的表现，并针对性地做好现场带教工作
   - 也可以做现场员工一对一帮扶和指导
5. 如何开好夕会 —— 夕会最大的目的就是把当天发生的问题及时解决
   - 夕会有两个好处
     ① 有助于店长自我反省，促进店长成长
     ② 有利于店长发现门店管理问题或流程问题，并快速解决

【店长日工作计划分解】

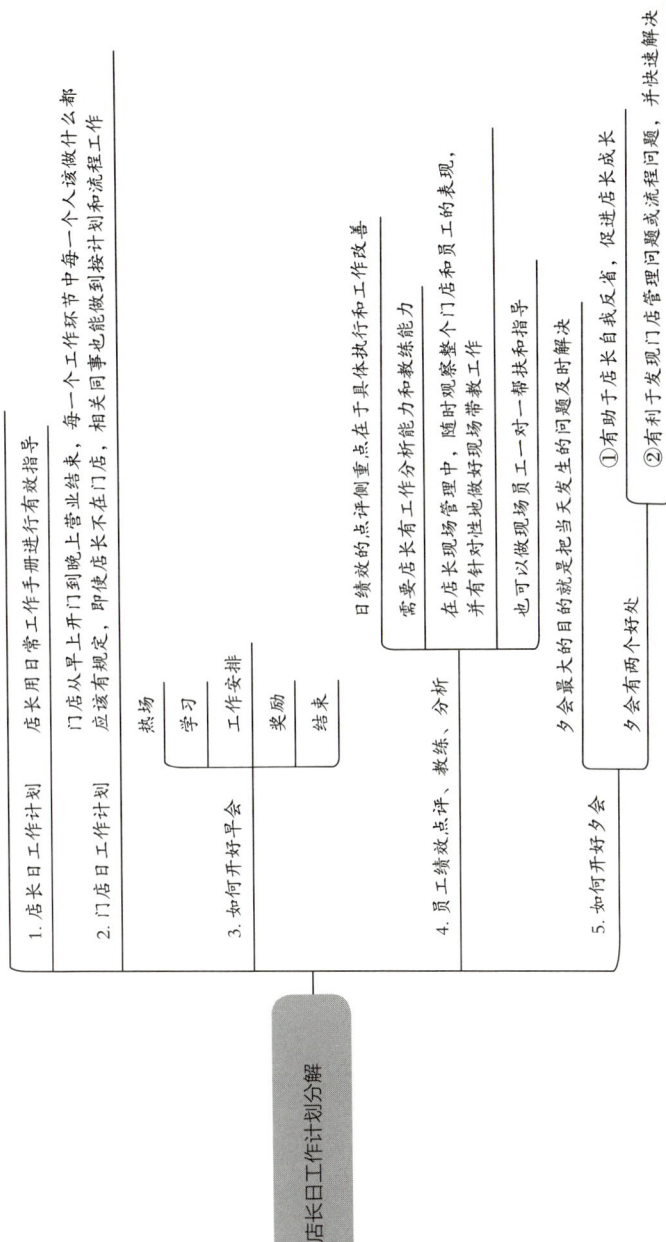

图 5-5-1 店长日工作计划分解图

199

表 5-5-1　门店店长日工作计划

	营业前	营业中	营业后
日	营业前的店内安全检查工作	车主到店空闲期	1. 安排卫生的打扫； 2. 关闭电源； 3. 清点当日工单及营业收入； 4. 完成各种报表； 5. 整理顾客档案，方便提供个性化客户服务和跟踪； 6. 召开夕会
	晨会工作		
	安排工作	车主到店高峰期	
	现场管理		
	检查工作	员工用餐期	

（二）周工作计划

一周是一个月工作中非常关键的节点，可以通过周工作的检查及复盘及时调整节奏与方向，确保一个月的计划顺利完成。店长周工作计划分解如图 5-5-2 所示。此图把周工作计划分为了 8 个板块，可参照表 5-5-2 制订自己的计划表。

（三）月工作计划

月是发薪周期，所以月计划和月总结至关重要，店长月工作计划分解如图 5-5-3 所示。具体执行细节和时间安排可参照表 5-5-3。

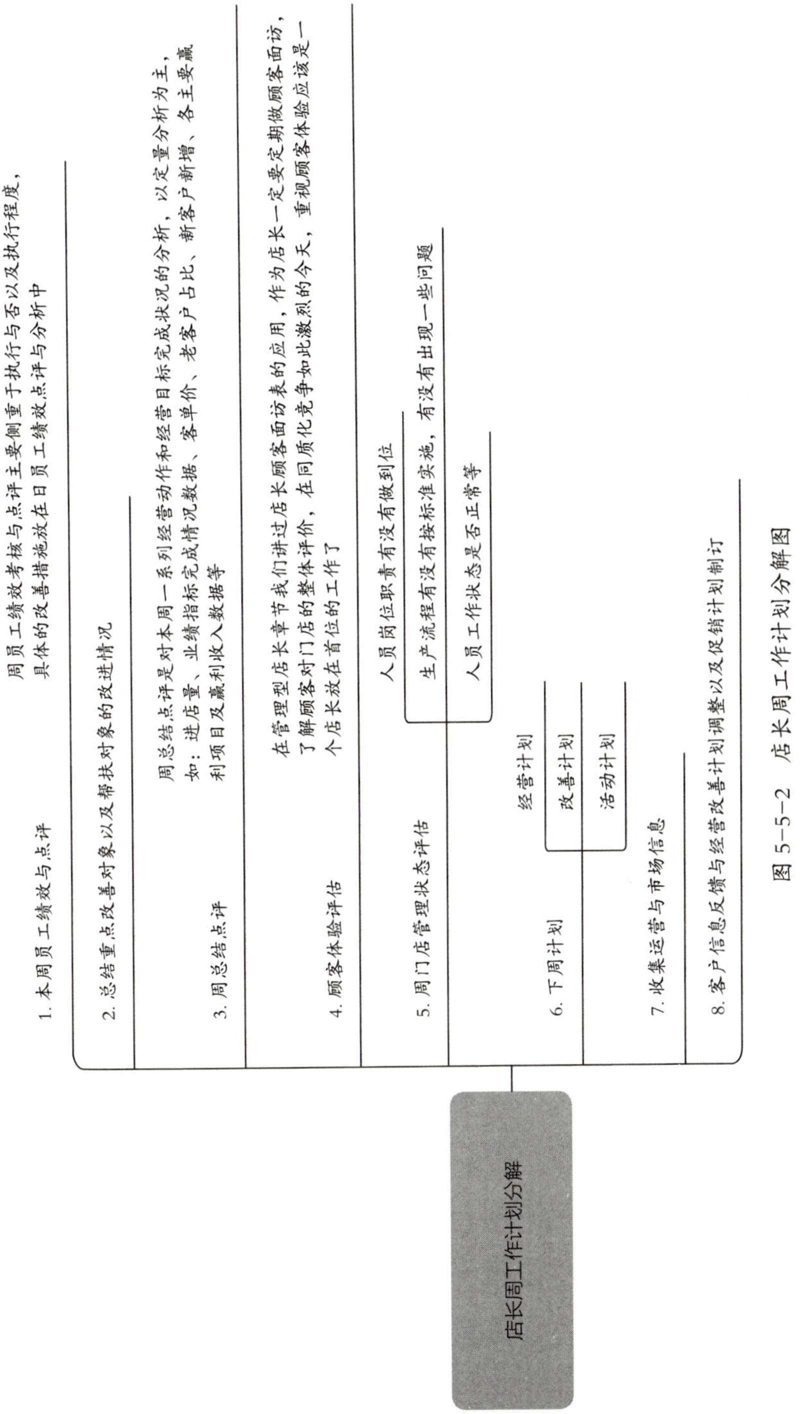

第五章　高级经营型店长

1. 本周员工绩效与点评——周员工绩效考核与点评主要侧重于执行与各以执行程度，具体的改善措施放在日员工绩效点评与分析中

2. 总结重点及改善帮扶对象对的改进情况——周总结点评是对本周一系列经营动作和经营目标完成状况的分析，以定量分析为主，如：进店量，业绩指标完成情况数据、客单价、老客户占比、新客户新增、各主要赢利项目反赢利收入数据等

3. 周总结点评——在营理型店长章节我们讲过店长顾客面访做的应用，作为店长一定要定期做顾客面访，了解顾客对门店的整体评价，在同质化竞争如此激烈的今天，重视顾客体验应该是一个店长效在首位的工作了

4. 顾客体验评估

5. 周门店管理状态评估——人员岗位职责有没有做到位／生产流程有没有按标准实施，有没有出现一些问题／人员工作状态是否正常等

6. 下周计划——经营计划／改善计划／活动计划

7. 收集运营与市场信息

8. 客户信息反馈与经营改善计划调整以及销计划制订

店长周工作计划分解

图 5-5-2　店长周工作计划分解图

201

表 5-5-2 门店店长周工作计划

周期	目标	计划	执行	评估	改善
周	本周员工绩效与点评	制订周目标完成计划	执行周计划	评估周计划完成状况，寻找改善方向	1. 改善人员教练计划； 2. 改善目标完成情况； 3. 改善顾客体验工作； 4. 改善门店现场管理工作； 5. 改善经营过程指标计划； 6. 改善经营计划
	总结重点改善对象及帮扶对象的改进情况	制订老员工提升培训计划与新员工培训计划	严格执行培训计划		
	周总结点评	具体参照思维导图内容	周总结和周总结点评进优化周总结行业		
	顾客体验评估	具体参照思维导图内容	执行顾客体验调研计划		
	周门店管理状态评估	具体参照思维导图内容	周门店管理状态及时复盘制订改善计划		
	下周计划	经营计划、改善计划、活动计划	按计划执行		
	收集运营与市场信息	定期收集市场信息，并做整理加工	按计划执行		
	客户信息反馈与经营改善计划调整以及促销计划制订				

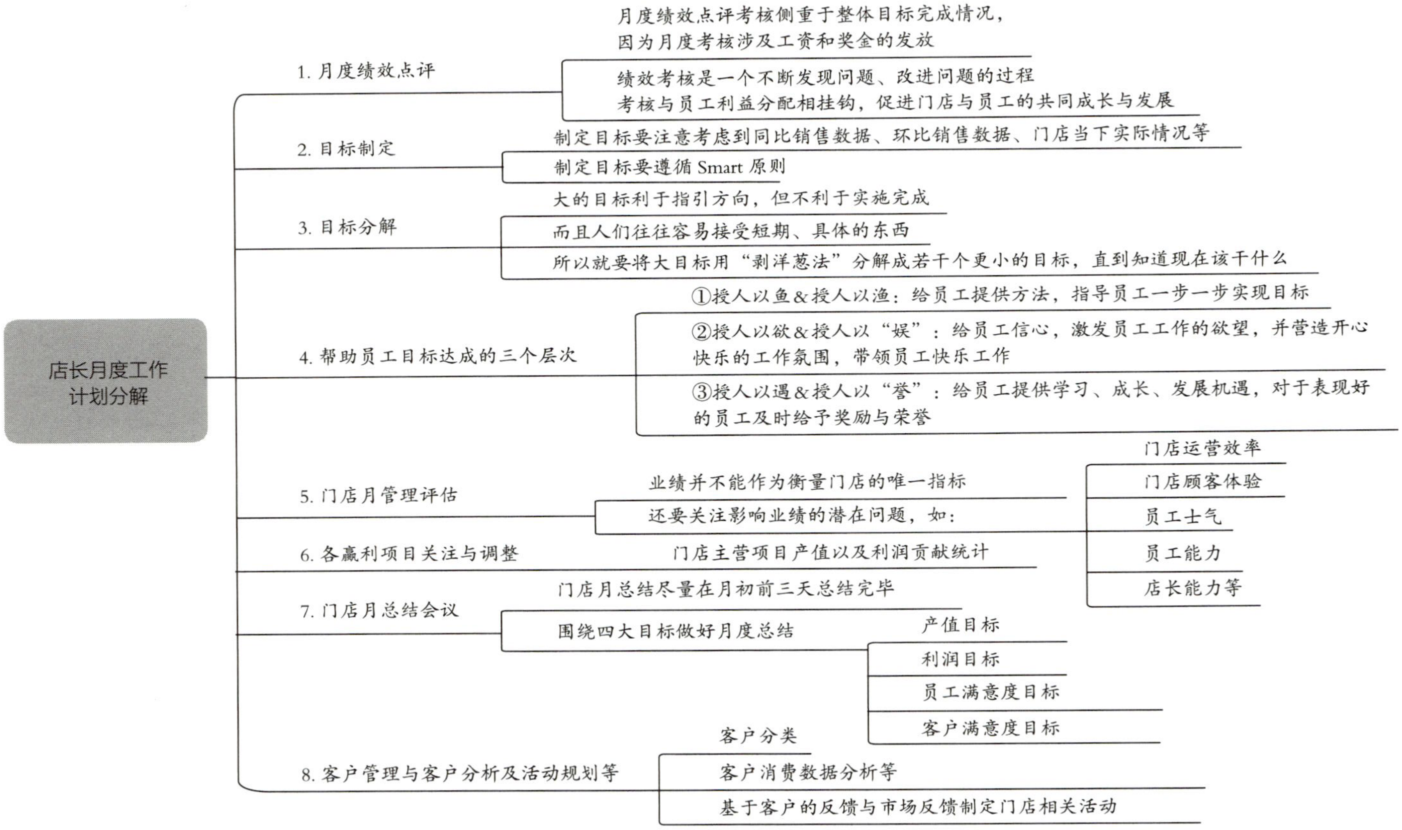

第五章　高级经营型店长

店长月度工作计划分解：

1. 月度绩效点评
   - 月度绩效考核点评侧重于整体目标完成情况，因为月度考核涉及工资和奖金的发放
   - 绩效考核是一个不断发现问题、改进问题的过程，考核目标要注意同比利益分配相挂钩，促进门店与员工的共同成长与发展

2. 目标制定
   - 制定目标要遵循Smart原则

3. 目标分解
   - 大的目标往往指引方向，但不利于实施完成
   - 而且人们往往容易接受短期、具体的东西
   - 所以就要将大目标用"剥洋葱法"分解成若干更小的目标，直到知道现在该干什么下实际情况等

4. 帮助员工目标达成的三个层次
   - ①接人以鱼&接人以渔：给员工提供工作的欲望、快乐的工作氛围，带领员工快乐工作
   - ②接人以欲&接人以"誉"：给员工提供方法，激发员工工作的欲望、成长、发展机遇，对于表现好的员工及时给予奖励与荣誉
   - ③接人以遇&接人以"誉"：给员工提供学习、成长、发展机遇，对于表现好的员工及时给予奖励与荣誉

5. 门店利管理评估
   - 业绩并不能作为衡量门店的唯一指标
   - 还要关注影响业绩的潜在问题，如：
     - 门店运营效率
     - 门店顾客体验
     - 员工士气
     - 员工能力
     - 店长能力等

6. 各赢利项目关注与调整
   - 门店主要项目产值及利润贡献统计

7. 门店月总结会议
   - 门店月总结尽量在月初前三天总结完毕
   - 围绕四大目标做好月度总结
     - 产值目标
     - 利润目标
     - 员工满意度目标
     - 客户满意度目标

8. 客户管理与客户分析及活动规划等
   - 客户分类
   - 客户消费数据分析等
   - 基于客户的反馈与市场反馈制定门店相关活动

店长月度工作计划分解

图5-5-3　店长月度工作计划分解图

203

表 5-5-3 门店店长月工作计划

周期	工作清单	类型	分析、决策、执行	时间计划
月	月度绩效与点评	总结改善	门店与员工的销售数据、人员情况分析等；人员沟通、互通	每月 28~30 日
	制订下月目标计划	目标计划	根据年度目标规划，月度完成情况、季节等情况，再加上过往同比环比，更改制订门店下月目标产值	30 日
	目标分解与达成	目标计划	销售数据分析与人员能力分析；人员沟通、互动、培训、激励	每月 2~3 日
	协助员工达成目标	改善	针对不同层级的员工制订相应的帮扶计划，帮助员工达成相应的目标	每日
	门店月管理评估	总结改善	月门店管理状态及时复盘制订改善计划	每月 5 日之前
	各赢利项目关注与调整	总结改善	门店主营项目产值以及利润贡献统计	每月 28~30 日
	门店月总结会议	目标执行	门店月总结尽量在月初前三天总结完毕围绕门店管理四大终极目标	每月 3 日之前
	客户管理与客户分析及活动规划等	执行计划	客户分类、客户消费数据分析等，基于客户的反馈与市场反馈确定门店相关活动	每月 3 日之前

二、经营型店长如何通过数据采集与分析指导日常经营

简单说两句关于数据采集的注意事项，一是尽量选择一款好的门店管理软件；二是在做原始数据采集时一定要确保数据准确。现在很多软件都会自动产生相应的报表供经营者来实时掌握门店的实际经营情况，并指导你做出经营策略和方向的调整。

如何通过数据分析指导日常经营，下面讲一个真实案例。

第一步统计过往年度产值并进行列表，详见表 5-5-4。

表 5-5-4　过往年产值统计样表

单位：万元

项目	2019年	2020年	2021年	2020~2021年平均	2022年目标	备注
1月	23.35	16.39	21.22	18.81	22.57	
2月	5.51	2.48	10.91	6.70	8.03	保底17
3月	21.80	16.09	19.72	17.91	21.49	
4月	14.13	20.48	20.66	20.57	24.68	
5月	14.36	17.12	18.67	17.90	21.47	
6月	16.39	15.58	15.15	15.37	18.44	
7月	14.39	19.76	22.56	21.16	25.39	旺季冲刺
8月	15.01	16.41	17.38	16.90	20.27	
9月	14.29	17.06	15.97	16.52	19.82	
10月	20.00	16.42	14.47	15.45	18.53	
11月	21.19	19.77	13.31	16.54	19.85	
12月	25.70	18.87	16.78	17.83	21.39	冲25

从表 5-5-4 中看出，同样是 1 月，过往最高是 2019 年，达 23.35 万元，在制定 2022 年目标时，首先得思考一下当年当月的人员跟工位数是否一样，也就是要制定月度目标，不能光看静态总产值，还要看产生总产值背后的动态成本是否有变化，如果有变化，那你的目标也要有变化。同时还要设定好每个月门店的产值生死线，超过门店生

死线以外的毛利可以按照各部门各岗位贡献比进行测算，分配奖金。

设定目标不是单纯看产值目标，还要关注动态成本的变化，才能得利最终的净利润。

有了目标数据，有了历史参照数据，如果想要提升产值，那就要考虑在同等条件下，如何做到产值和利润最大化，以及从哪几个维度来提升产值和利润。

三、经营型店长如何有效分析制订经营策略

经营型店长最大的职责就是要带领团队完成每月每年的经营指标，需要店长有效分析制订经营策略，以确保门店能持续赢利。

店长有效分析并制订经营策略，就是在寻找最佳方向和方法。所谓最佳的方向和方法就是最适合门店实际经营情况的，也是投入同样的精力、费用，但对营业额改善作用最大的方法，因此经营策略就是寻找事半功倍的经营方向与方法，利用有限的资源获取最大回报，最大限度地推动经营目标达成。

分析制订经营策略，首先要找到门店薄弱环节，确定方向。

通过精细化分析，就可以从门店角度、赢利项目角度、顾客角度全面分析门店指标，找到提高门店营业额的最佳方向与方法，完成门店经营目标。

（一）门店数据分析

1. 单店内部分析

可以从门店的进店量以及客单价来进行分析，因为每个门店的情况不一样，在统计进店量的时候，所选择的标的也要不一样，但

有一个宗旨就是进店量主要是统计门店的主营业务。所谓的主营业务是门店 80% 以上的产值来源于这个业务，比如你是快修快保店，就统计进店保养辆次，如果是专业贴膜店，就统计进店贴膜辆次等。

对客单价的统计，可以使用公式：

$$业务收入 = 流量 \times 转化率 \times 客单价$$

计算出客单价后，经验丰富的经营者一眼就能看出来是高还是低。如果偏低，则要针对如何提升客单价出具具体提升方案。

2. 区域对比分析

如果是区域连锁店可以将各门店统计出来的数据进行对比分析，看看门店之间经营数据存在的差异到底是什么原因导致的，以便能更清晰地知道自己门店存在的问题到底是共性的还是个性的，也可以借鉴区域内做得好的兄弟门店。如果是单店，也可以采集一下当地同行的相关数据，比如客单价数据，可以去了解一下当地同行的客单价，看到底是偏高了，还是偏低了。有些地区客单价整体偏低，有可能是这个区域门店普遍经营水平偏低，经营意识偏弱，这个时候作为店长就要谨慎分析了。

3. 单店同比环比数据分析

同比是今年某月的销售数据与上一年该月份的销售数据的比较分析（是历史同期数据），同比增长计算公式，同比增长率 =（本期数 − 同期数）/ 同期数，同比分析的作用，可以排除一部分季节因素。

环比是今年某月的销售数据同当年上一个月的销售数据的比较分析。环比增长反映本期业绩比上期业绩增长了多少，环比增长速度 =（本期数 − 上期数）/ 上期数 ×100%；环比发展速度 = 本期数 / 上期数 ×100%，环比可以更直观地表明阶段性的变化，但是会受季节性因素影响。

表 5-5-5 包含了同比和环比的月度业绩分析，可以直接使用。

表 5-5-5　经营型店长门店月度销售数据分析表

月份	总业绩/毛利润	月目标	完成率	环比业绩	同比业绩	保养进店辆次	保养客单价

（二）赢利项目营业数据分析

赢利项目营业数据分析是门店后续制订利润增长计划最重要的一个环节，如何做，见表 5-5-6。

表 5-5-6　某门店月度赢利项目营业数据分析明细表

排名	赢利项目	营业额	销售量	营业占比	毛利润	毛利润率
1	基础保养	40000 元	20 辆	60%	12000 元	30%

（三）会员数据分析

会员数据分析如表 5-5-7 所示。

表 5-5-7　某门店月度会员数据分析表

大项	会员总价值	新入会员价值	会员总量	有效会员量	人均价值	新增会员	复购率	复购占比	活跃会员
本月数据									
上月数据									
环比变化									
去年同期									
同比变化									

（四）门店赢利指标改善

零售企业的赢利＝单店赢利 × 门店数量，门店数量就如同杠杆，放大单店赢利。单店赢利是零售企业的核心指标，同样也是汽服连锁门店的核心指标，单店赢利提高，就可以扩大门店规模；单店赢利下降，就只能关店止损。

单店赢利＝实际营业额－成本，实际营业额受客流、转换率、客单价、毛利率和折扣率等指标影响。成本受库存成本、宣传促销费用、房租成本、人员成本等指标的影响。提高单店赢利，需要针对性地分析改善指标。因为每个门店的实际情况都不太一样，改善指标计划制订方案也不可能一样。我们从以下几个维度简单阐述一下。

1. 增加门店客流

①广告宣传客流，这个在管理型店长里有过详细讲解。②自然客流，随着行业竞争加剧，线上流量与线下流量双双枯竭，自然流量少之又少，所以这个指标可以稍稍忽略。③老顾客复购客流，这一项可以通过客户管理以及老客户的保养到期电话提醒及电话邀约来完成，目前有很多门店已经享受到了老顾客复购的红利。

2. 提高客单价

很多门店每天很忙，但门店净利润却不高，究其原因都是只满足了车主的显性需求，从来没有去挖掘车主的隐性需求。举例来说，车主来保养，是车主的显性需求，但对于超过一定公里数的车辆，一定有其他需要更换的易损件，这就要经过门店技师耐心细致地检查。车主能讲出来的需求，肯定是不能赚钱的，因为价格都透明了，门店要平价销售，保本就行，对车主说不出来的需求，比如更换变速箱油,这样的项目就需要赚取合理利润。很多门店都是极端的做法,要么坚持原价,要么全面打折,这样不好。

门店也可以通过增加赢利项目种类来提高客单价。比如现在很多门店在推干冰清洗服务,对于行使超过3年或6万公里的车辆是一个不错的项目。一方面,车主有去除积碳需求;另一方面,门店也需要深度挖掘和满足车主需求,以提升产值和利润。

第6节 让员工都动起来
SECTION 6

一、经营型店长如何有效策划一场大型活动激活团队带动产值

看似一场不起眼的活动，背后包含了市场调研、客户调研、活动方案设定、套餐设定与组合、目标制定、任务拆解、人员分工、人员培训、人员组织、人员激励，即使活动执行过程中，也需要随时关注过程数据，对活动方案进行及时调整与优化，以及人员的及时调整与二次培训分工等，涉及的内容太多。

可以把活动分为活动前、活动中、活动后3个阶段，这样比较有条理。

（一）活动前

1. 明确活动目的

活动的目的可以有很多，比如：提高知名度、拓展新客户、回馈老客户、回笼资金、提升团队能力，等等。建议每次活动完成一到两个目标即可，千万不要贪心。

店长需要具备经营战略眼光，结合门店经营现状，明确活动的根本目的，否则很容易出现投入了大量的人力、物力、财力，但最

终活动没达到预期的情况。

2. 确定活动主题

如果是为了拓展新客户，那一般是新店比较常展开这种活动，可以定一个门店开业大酬宾之类的活动主题，活动目的明确后，活动主题就很容易定了。

3. 确定活动时间，并形成活动推进甘特图

活动有两个大的阶段：引流阶段和集中进店锁客阶段。引流期在5天左右最好，紧接着就是3~4天的集中进店锁客期，引流与锁客这两个阶段的时间是环环相扣的，千万不能掉链子。

店长需要具备一定的营销思维和能力。

引流途径有哪些，参考表5-6-1。

4. 盘点资源确定引流途径和方法

动员全店员工引流，尽可能邀请更多的客户进店。

5. 制订引流方案和锁客方案

引流方案价格要低，60元之内价值要大，这样才能快速吸引新客户的眼球。

6. 动员大会

每次我们给门店做活动开动员大会，都会形容这是一场战役，要求门店从上到下高度重视，同时还会通过会议给门店的人员塑造一定的危机意识等。动员大会的宗旨就是最好让所有的员工都参加，同时把活动的来龙去脉都讲清楚，一场活动需要得到门店上下全员的鼎力支持，方有成功的可能。

7. 人员分工以及培训演练并设定目标及目标细化分摊

明确人员分工，比如分地推组、电话组、社群组等。如果是新店，需要地推多一些，那地推组还要分区域，从近往远依次推进。

第五章 高级经营型店长

表 5-6-1 汽服门店十一大流量来源及具体运作思路详解

流量来源	流量运营形式	具体谈判/运作思路及方法	具体话术/操作思路	执行流程	主要执行方	备注
存量（门店老客户）	盘活老客户					
增量	老客户裂变新客户					
	新客户的培养和继续裂变					
	异业联盟合作引流					
	物业公司洽谈合作					
	接洽周边小区团购群					
	团购网站					
	地图 App					
	与周边企业洽谈合作					
	地推吸粉					
	短视频平台引流					
	扫街（以周边中小商户老板为主）					

213

确定好人员分工后，还需要进行话术培训和流程培训。比如地推过程中，第一句话怎么说，第二句话怎么说等。店长需要先去试错，总结出一套实际有用的方法和话术，再把这些方法和话术培训给员工。

8. 准备引流期间使用的相应的物料

9. 选择营销工具

营销工具一般就是指互联网营销工具，好的营销工具一般有以下几个要素：①承载引流卡的内容展示及详细介绍；②支持客户即时购买；③支持即时转发；④需要有分销功能及奖金及时到达功能；⑤后台数据分析功能，如触达多少人，多少人购买了引流卡，转化率是多少等专业数据分析功能，以便后续能持续优化活动过程中的细节。

（二）活动中

1. 引流

为了确保引流效果，店长需要时刻关注引流数据，发现哪个小组或哪个引流途径有问题，应立即给予帮助和支援，必要时需要及时优化引流方式，并及时给予各组员工再培训再演练，以提升相关能力。

2. 确定锁客套餐

锁客套餐的制定一般是机油卡或者充值卡，如果是经营超过5年的门店，可以把机油保养卡定到3~4次；如果经营年限在3年之内，建议机油保养卡定在2~3次。

充值卡建议设定一个入门级的充值卡，主要针对新客户，可以洗车、可以美容、可以保养，鼓励新客户尝试。充值卡还要准备两个高价位的，主要针对老客户，且这部分车主车辆需要做大保养，充值卡设计的要有诱惑力。客户要的永远不是便宜，而是占便宜的感觉！

3. 人员分工、集中培训与排练

（1）人员分工，有引车员、签到员、洗车员，还有销售谈判员（这个最重要）。

（2）无论是引车员、签到员，还是销售谈判员，都需要经过专业的话术培训和演练，要做到滚瓜烂熟才行。

（3）设定好相应的提成和奖励制度。无论是销售谈判员，还是其他支持部门的人员，如引车员、签到员等，都需要得到一定的奖励与认可。

4. 活动氛围搭建

氛围搭建好了，即使降价幅度不是太大，来参加活动的客户也会认为本次活动力度大。人们一看到红地毯、拱门、成堆的礼品和奖品，就觉得氛围很好。所以建议后续各位店面负责人在做活动时，一定要把氛围烘托到位。

5. 活动正式开始，所有人各就各位

一般活动正式开始的第一天上午，都比较混乱，此时店长千万不能乱了阵脚，要按照前面准备的人员分工和计划按部就班地安排工作。第一天上午销售人员还没有进入状态，但不用着急，经过半天的磨合，到了第一天下午，基本就没有什么大问题了。所以上午店长要以全局为主，确保全场每个环节都能有序运转，到了下午店长要及时关注所有销售谈判手的销售情况，并及时帮助销售促成。

6. 全体总结会

活动中大家都很辛苦，节奏也比较快，为了调动员工的积极

性，最好是每天的奖励全部发放给员工，好鼓舞士气，确保一线团队战斗力。

（三）活动后

1. 活动复盘

活动结束后最重要的工作就是要复盘本次活动中的每个环节，为下一次做活动提炼好的方法，规避不好的做法。

2. 客户盘点并精准跟踪

很多门店活动做完，对所有的客户都不闻不问了，平时怎么做，现在还怎么做，这是不对的。活动结束后，恰恰是真正服务的开始。针对不同性质的客户，采取不同的跟踪服务措施。比如针对买了引流卡但未到店激活拿礼品的新客户怎么处理；针对买了引流卡到店激活拿礼品了，但未购买锁客卡的客户该如何跟踪，等等。

（四）活动期间是不是产值越高越好

并不是产值越多越好，具体参考标准需要结合门店的工位数以及过往门店活跃客户数来决定。活动期间，真正新客户成交锁客卡的是少之又少，试想一个新客户，对你的店都不熟悉，怎么会一来就买卡呢？

（五）一定要锁定新客户吗

很多门店都有这个疑惑，老客户做得好好的，利润也不错，为什么要把利润降低锁住老客户呢？如果放弃锁定老客户，只关注新客户，到最后会形成一个老客户不巩固，新客户又锁不住的局面，那这场活动才真是劳民伤财，一无所获。

其实活动的本质就是通过存量带动增量，并不是一味地用老客户资源，也不是一味地纯靠新客户到店，一定是配合起来做的。先锁住老客户，再通过老客户带动一部分新客户。

一场看似简单的门店活动，要想做好，其背后的工作还是挺多的，而且细节也很多，一方面要顾全大局，另一方面每个细节都要执行好，而且要环环相扣。店长一开始可以试着从小活动开始，也可以请专业的团队来辅助执行，当跟着专业的团队执行一两次后，基本就可以独立操办大型活动了。

二、经营型店长如何针对老客户做好精准营销

如何针对老客户做好精准营销，其实背后的重点是会员体系的打造。

在经营门店过程中，经常会有老客户说："都是你家老客户了，能不能打个折？"这背后释放了两个信号：①车主比较认可门店的服务；②车主想在门店有一种归属感，确定一种身份，有助于他与门店长期达成折扣协议的身份。可以实现这两点的，就是会员。

应该如何做呢？

（1）先对老客户进行分类，具体客户如何分类，我们在中级管理型店长一章重点进行了讲解，可以参照里面的表格进行客户分类。

（2）针对不同消费金额的客户设定不同级别的会员层级。

（3）针对不同层级的会员设定不同程度的会员权益，如图5-6-1所示。

> 汽服门店小会员权益：
> 一、会员期间享受无限次免费补胎；
> 二、会员期间享受 3 公里免费搭电；
> 三、会员期间享受 5 公里免费救援；
> 四、会员期间免费享受一次四轮定位；
> 五、会员期间免费添加玻璃水

图 5-6-1　某门店小会员权益示意图

（4）针对不同层级的会员设定不同的入会标准。有些门店是要充值的，有些是要买机油保养套餐的，有些是过往指定周期内消费满多少金额的，等等，各门店可依照自己门店的实际情况进行设定。

（5）会员的激励机制。会员的激励其实本质就是激励其多到店或者多消费，比如年度消费满多少金额可以从 B 类会员升级为 A 类会员，或者一次性消费多少钱，可以升级会员权益等。

（6）会员的回馈机制。会员的回馈很重要，特别是一些店内的忠诚客户、忠诚会员，在营销学里有一句话，千万不要让你的老客户对你的忠诚感觉不值钱，其背后的意思就是要适时地回馈老客户。

（7）常态化管理与会员关怀。会员的管理与关怀背后其实是提升 3 个度：①活跃度。通过适度的会员关怀与互动，提醒会员车辆有问题，随时找到门店，提升会员的记忆度与到店率。②忠诚度。结合会员级别决定与会员互动的频次与力度，加大客户进店消费的欲望与信心，同时培养与会员的感情与信任，最终提升会员对门店间的忠诚度。③贡献度。通过精细的会员管理与关怀，充分了解会员的用车需求与车况变化，做到比车主还要了解他的车辆状况，从被动等待会员到店到主动邀约会员到店，从而提升会员的消费信心与消费频次，确保会员的所有车辆消费行为全部在你的门店里完成，提升会员在门店的贡献度。

三、经营型店长必须掌握的门店业绩增长模型

"业绩增长"可以说是店长在经营管理一家门店过程中持续面临的一个命题，因为门店经营过程是一个动态的过程，会面临人员的流失与更换、行业的变化与升级、车主的消费观念与习惯变化与升级、竞争对手的多元化与跨界化等。这就导致门店的赢利状况不可能一直处于一个很稳定的状态，也就说门店的业绩一直是处于动态波动的，店长作为一家门店的经营者需不停地思考和寻找门店新的利润增长点。

业绩增长是个大话题，我们不妨将其拆解，利用公式：

$$业务收入 = 流量 \times 转化率 \times 客单价$$

门店的总业绩是由一系列数据单元构成的，那一系列单元的数据又是由一系列经营管理动作支撑的。没有数据分析指导的动作显然如同盲人摸象，只有通过很客观的数据分析才能客观得知我们的经营动作是否有效，有句话叫作"结果不会陪着你演戏"。

（一）实现业绩增长的聚焦点：客户

经营型店长课程开篇重点讲解了顾客价值：①争取客户；②赢得信任；③持续维护。

（二）实现业绩增长的两个核心要点

1. 营利性增长

举个例子，去年某月产值为 50 万元，这个月门店有 13 个人；同样今年的月份产值为 60 万元，看似有增长了，但这个月总共用了 16 个人，这背后的增长是营利性增长吗？显然还不如去年的 50 万元，因为多了 3 个员工，也就多了 3 个员工的工资与管理成本。

所以，业绩增长一定要追求营利性增长。

2. 可持续性增长

所谓的可持续性增长背后就是顾客价值。要适度提升业绩，不要杀鸡取卵，把业绩增长建立在消耗老客户的信任之上宰顾客。比如明明 500 元的产品卖给老客户要 1000 元等。类似这样的行为就是透支老顾客的信任，短期可能产值高了，但长期而言这是致命的、不可持续性的增长。

（三）实现业绩增长的四大途径

1. 提升客户进店量

关于提升客户的进店量我们之前的好几节课都讲过，这里不再赘述。

2. 提升客户忠诚度

提高忠诚度的理念及方法可以参照图 5-6-2，客户忠诚度的提升根本目的是提升老客户的回店和复购频率。因为只有老客户的客

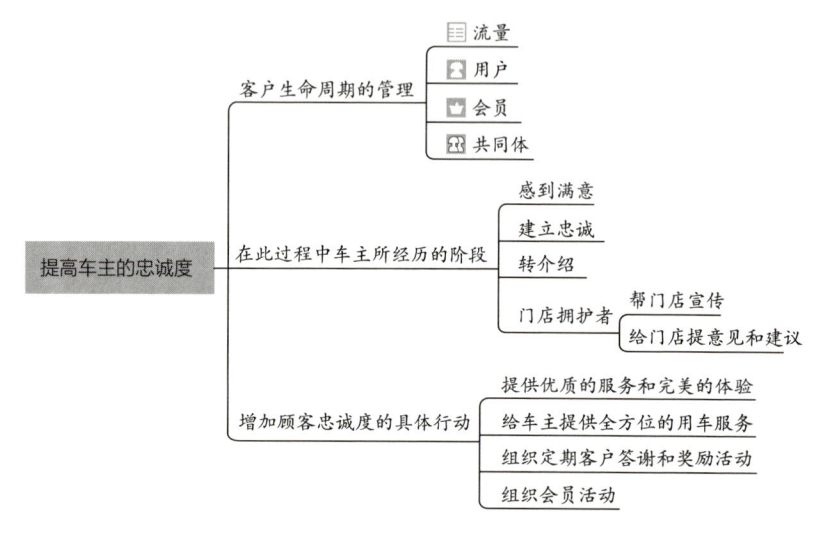

提高车主的忠诚度
- 客户生命周期的管理
  - 流量
  - 用户
  - 会员
  - 共同体
- 在此过程中车主所经历的阶段
  - 感到满意
  - 建立忠诚
  - 转介绍
  - 门店拥护者
    - 帮门店宣传
    - 给门店提意见和建议
- 增加顾客忠诚度的具体行动
  - 提供优质的服务和完美的体验
  - 给车主提供全方位的用车服务
  - 组织定期客户答谢和奖励活动
  - 组织会员活动

图 5-6-2　提高客户忠诚度的三个维度

单价才会高，而新客户到店的消费单价大多数不会太高。

3. 树立门店品牌

这个板块现在很多大型连锁店以及互联网门店做得比较好，从门头到店面形象再到店内装修，包括员工工作服等都有统一的形象、统一的标准、统一的定位。店内各产品都使用统一品牌，各项目施工流程有统一标准，目的是提升品牌和专业形象，提升车主对门店的信任度，营造出让消费者放心舒心的消费环境，增强车主对门店的记忆。在新客户和门店老客户犹豫不决去哪一家门店做维保洗美时，大多数车主最终还是会选择品牌门店。同时好的品牌形象和品牌服务也增加了顾客的回头率与高识别度。

4. 创新服务和体验

（1）施工方面的创新，如洗车时帮车主把油箱盖打开，将里面清洗干净。这一细小的动作帮助很多门店打动很多老客户。

（2）环境的创新，很多门店有亲子乐园，或者模拟赛车游戏设备，让带孩子的客户倍感温暖。

（3）服务的创新，很多门店在休息区增加了茶水饮料的种类，以满足在现场等待的不同需求的车主。

（4）营销的创新，有些门店规定每月的会员日，旨在给新老客户释放一些福利，增强新老客户记忆与好感，增加回头率。

（5）营销宣传手段创新，比如当下流行的抖音短视频拍摄与宣传，也给很多门店获客增加了效率，降低了成本。

最后简单地总结一下，其实业绩增长背后的本质无非就是增加门店到店数量，以及到店后车主的成交金额（客单价），再就是吸引客户重复到店。门店业绩增长不是店长一个人的事，而是一个团队协作的事情，要调动整个门店的积极性共同把门店经营好。

第7节
年度规划与复盘总结
―――― SECTION 7 ――――

一、经营型店长如何做好年度规划

（一）首先是经营发展方向的规划与调整

1. 战略性规划

战略性规划的主要目的是未雨绸缪，对即将到来的市场变化提前布局，确定哪些业务该做，哪些业务不该做，核心的核心还是要去研究车主的变化，如车主购车的变化、消费习惯的变化等。

汽服门店在做战略规划时，可以再考虑两个元素，一是打造门店方圆3~5公里的品牌影响力，二是提升门店周边方圆3~5公里的市场占有率。战略的规划与调整不是短期就能见效的，一定是为以后两三年甚至四五年的门店经营铺路的。更符合消费者品位的门店，研究的是车主，而不是同行，门店离不开的是车主，最终服务的也是车主，买单的还是车主。

2. 运营性规划（图5-7-1）

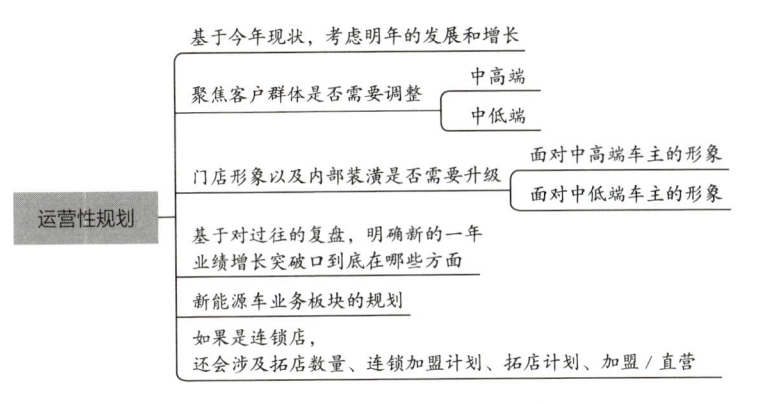

```
                     ┌─ 基于今年现状，考虑明年的发展和增长
                     │
                     ├─ 聚焦客户群体是否需要调整 ─┬─ 中高端
                     │                          └─ 中低端
                     │
                     ├─ 门店形象以及内部装潢是否需要升级 ─┬─ 面对中高端车主的形象
        运营性规划 ──┤                                    └─ 面对中低端车主的形象
                     │
                     ├─ 基于对过往的复盘，明确新的一年
                     │  业绩增长突破口到底在哪些方面
                     │
                     ├─ 新能源车业务板块的规划
                     │
                     └─ 如果是连锁店，
                        还会涉及拓店数量、连锁加盟计划、拓店计划、加盟/直营
```

图5-7-1　制订运营性规划的详细步骤

（二）主营项目的规划

市场在变化，车主的需求在变化，门店的经营项目也要改变。早几年靠洗车还能挣钱，现在洗车大多是赠送了；早几年基础保养也能挣钱，但这几年只能平价了。对于门店而言，在规划项目时至少要规划两类项目，一是引流项目，二是赢利项目；引流项目说白了就是拿来吸引流量，吸引客户进店的。赢利项目说白了就是让门店获取合理利润的项目，比如现在比较流行的干冰清洗积碳以及底盘项目等。

（三）财务费用的规划（图5-7-2）

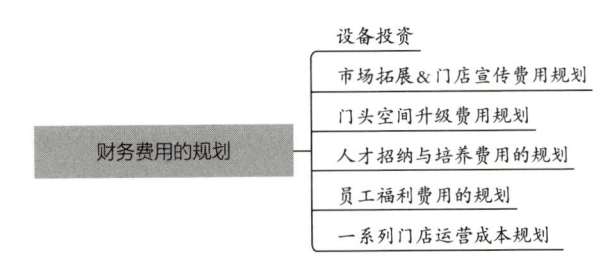

```
                     ┌─ 设备投资
                     │
                     ├─ 市场拓展&门店宣传费用规划
                     │
                     ├─ 门头空间升级费用规划
        财务费用的规划 ┤
                     ├─ 人才招纳与培养费用的规划
                     │
                     ├─ 员工福利费用的规划
                     │
                     └─ 一系列门店运营成本规划
```

图5-7-2　财务费用规划的大致框架

（四）产值利润的规划（图5-7-3）

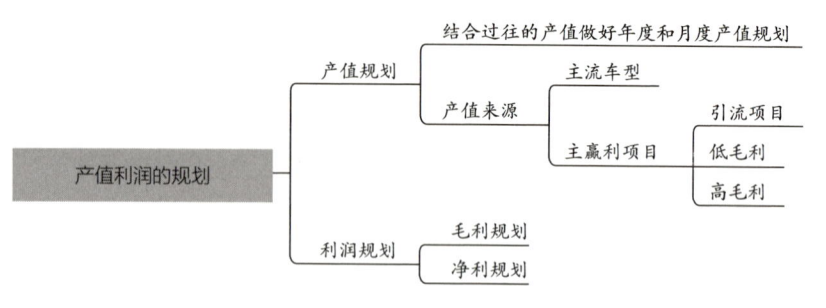

```
                                    ┌─ 产值规划 ─── 结合过往的产值做好年度和月度产值规划
                                    │              ┌─ 主流车型
产值利润的规划 ─┬─ 产值规划 ─ 产值来源 ┤              ┌─ 引流项目
              │                     └─ 主赢利项目 ─┼─ 低毛利
              │                                    └─ 高毛利
              └─ 利润规划 ─┬─ 毛利规划
                          └─ 净利规划
```

图5-7-3　产值利润的规划详解

（五）人才梯队建设

门店的经营发展方向有变化，对于人才的需求也要有相应的调整。①组织架构的规划与调整。关于这一点，前文已进行了详细讲解。②各岗位人员数量的规划与调整，店长要去进行测算，多少产值的目标，大概需要用到多少人，参照过往的产值测算出门店大概的人效是多少等。③人员岗位职责的规划与调整。随着新业务的产生，新岗位的职责规划与绩效评估显得尤为重要。这些在前面章节中都讲过，这里不再赘述。

（六）客户关系管理计划

这里面的重点就是门店大概需要多少客户才能经营下去，以及对于新客户的引流与培养计划，老客户的激活计划与会员打造计划等都要做一个系统的规划。这些关键内容在前面章节中都有详细讲解，这里不做具体阐述了。

（七）营销活动规划

营销活动规划对于一家门店的运营是至关重要的。活动运营的目的就是增加与客户的互动与黏性，活动规划这块可以遵循小活动不断、大活动慎重的原则。不同季节，做一些季节性爆款产品的活动是可以的。对于做活动给优惠送礼品，一定要记住前面加个厂家赞助。这样可以规避两个问题：一是不要让车主觉得打折前赚了很多钱；二是客户面对你送的礼品时可能会说"礼品我不要，你折现给我"，如果是厂家出面赞助的，车主一般就不会有这种要求了。

二、经营型店长如何做好年度复盘与总结

复盘就是把过往做过的重要工作再一一呈现出来，分析其得失，总结经验教训，做得好的继续采纳保留，做得不好的优化调整。

（一）回顾门店主要经营目标

这里有两个主题：一是回顾复盘的动作（图5-7-4）；二是回顾过往的经营目标。

1. 表露不真实	①	回顾各自工作状态时，很多人害怕显露自己的不足，只挑好的讲，对于自己做得不好的地方缄口不言，否则怕牵涉到自身的利益，或者影响到自身的权威，或者就是那种自我感觉良好型的员工，明明身上有问题，也意识不到有问题的那种人
	②	首先作为店内领导或店长在复盘时要敢于以身作则，主动反思自我，不遮掩，不护短，为大家树立好榜样。同时要带大家明确复盘的意义在于充分发现问题并解决问题，大家共同提升，让大家树立开放心态，坦诚表达
2. 抓不住重点	①	容易走偏，复盘会开着开着就聊起家常了
	②	作为店长，在召开复盘会时，一定要做充分的准备，主题突出，节奏也要牢牢控制在你的手上，这样开出来的复盘会效率才高，也才有可能开出相应的效果

图 5-7-4 "回顾复盘动作"环节常见的两类问题

回顾经营目标容易出现两类问题，见图 5-7-5。

```
                        ① 如多做点产值
                        ② 多拓展点新客户
                        ③ 带好团队              明确具体的
1. 没有目标或者目标不清晰  ④ ……                  可衡量的
                        ⑤ 制定目标的 Smart 法则   有挑战但可实现的
                                               相关可控
                                               有时限的

              ① 回顾目标时很多门店员工认为这目标啥的是老板或者店长的事，跟自己没关系
              ② 大家对目标理解得不一致，比如作为车间技师的目标是认真负责修好每一辆
2. 目标         车，可以怎么确定这位技师是认真负责了呢？有些技师认为零返工是认真负
   缺乏共识     责，有些技师认为快是认真负责，等等
              ③ 店长可以将店内目标与计划明确地展示出来，让每个部门的同事都能很清楚
                地知道我们都是目标完成的助力者
```

图 5-7-5 "回顾经营目标"环节常见的两类问题

（二）回顾过程

第一步先回顾年初定的经营目标；第二步要回顾上一年完成年度目标的具体过程，见图 5-7-6。

```
           1. 对于重点问题进行过程回顾，只有充分回顾过程，才能发现问题的根本
                                                    ① 车检渗透率增加了
回顾过程    2. 将过程做得好与不好的都分别整理出来，比如：
                                                    ② 车间卫生好了
           3. 过程细化环节也是问题百出的环节，在回顾日常工作过程中，有必要可以
              调门店内部的监控对重要环节进行重点查看和分析
```

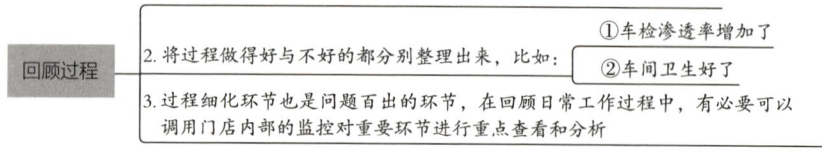

图 5-7-6 "回顾过程"环节的三个维度

回顾过程时，一定要客观淡定，否则下属在回顾过程中面对自己做得不好的地方，一定会想尽一切办法回避，这样的回顾过程复盘会没有太多的意义。

（三）评估结果

评估结果时，一定要保持一个原则：尽可能依据数据做定量分

析，而不要凭感觉做定性分析，见图 5-7-7。

评估结果
1. 与原来目标相比做得好的，比如：①今年进店量显示上升 ②员工流失率降低
2. 与原来目标相比做得不好的：①客单价明显下降 ②总产值有所下降
3. 或者与过往相比做得好与不好的，都需要综合评估
4. 评估结果时一定要客观评估，最好是用数据定量分析，尽量不做定性分析

图 5-7-7 "评估结果"环节的步骤及注意事项

（四）分析原因（图 5-7-8）

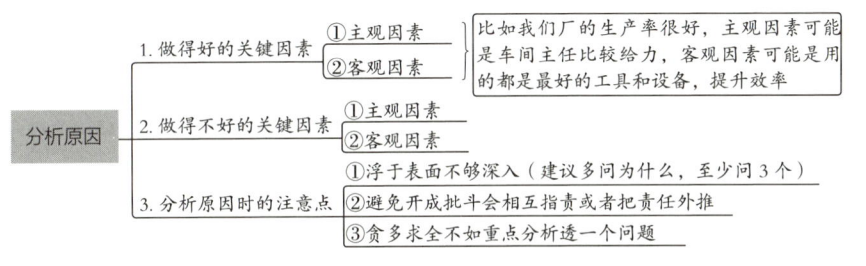

分析原因
1. 做得好的关键因素 ①主观因素 ②客观因素 ——比如我们厂的生产率很好，主观因素可能是车间主任比较给力，客观因素可能是用的都是最好的工具和设备，提升效率
2. 做得不好的关键因素 ①主观因素 ②客观因素
3. 分析原因时的注意点 ①浮于表面不够深入（建议多问为什么，至少问 3 个） ②避免开成批斗会相互指责或者把责任外推 ③贪多求全不如重点分析透一个问题

图 5-7-8 "分析原因"环节的关键因素及注意事项

（五）总结经验（图 5-7-9）

推演规律/总结经验
①多角度因果关系综合分析
②举例子：比如老板在店里，客单价就下降；老板不在店里，客单价就上升

图 5-7-9 "推演规律/总结经验"环节

（六）总结提炼

对于平时做得好的地方及时总结提炼成经验，做得不好的地方要及时罗列出来进行规避或者优化。同时还得制订明确的行动计划，见图 5-7-10。

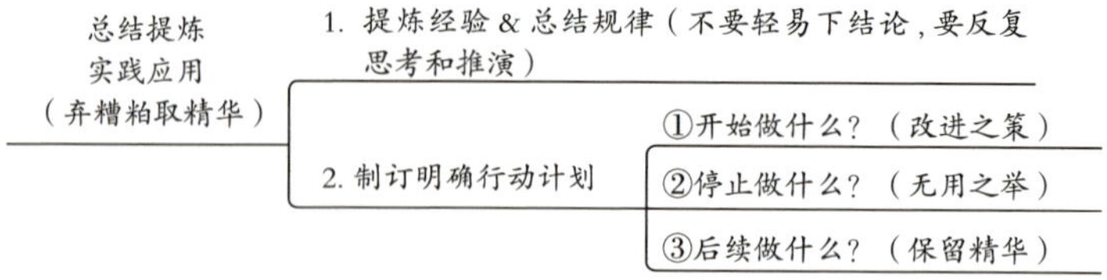

```
总结提炼          1. 提炼经验 & 总结规律（不要轻易下结论，要反复
实践应用             思考和推演）
（弃糟粕取精华）
                 2. 制订明确行动计划    ①开始做什么？（改进之策）
                                    ②停止做什么？（无用之举）
                                    ③后续做什么？（保留精华）
```

图 5-7-10 将经验与规律应用于实践的三个步骤

通过填写门店年度工作复盘表（表 5-7-1），可以帮你捋清复盘的思路，也方便记录。

表 5-7-1 门店年度工作复盘表

1. 回顾目标	2. 回顾过程
当初的目的是什么？（期望的结果）	哪些过程是做得比较好且正向影响到结果的？
要达成的门店经营管理目标是什么？（比如年度毛利是多少？团队成员规模以及专业人才规模等）	哪些过程是做得不太好、有问题、需要进一步优化的？

3. 评估结果	4. 分析原因	
与原来的目标相比做得好的地方	做得好的关键因素（主观/客观）	
	主观因素	
	客观因素	
与原来的目标相比做得不好的地方	不足之处的根本原因（主观/客观）	
	主观因素	
	客观因素	

续表

5. 推演规律	6. 总结经验和规律	
多角度因果关系综合分析并初步提炼	总结经验 & 规律（不要轻易下结论，要反复思考和推演）	
总结不利规律并加以改进	行动计划	
	开始做什么？ （改进之策）	
	停止做什么？ （无用之举）	
	后续做什么？ （保留精华）	

附录一

经营型店长如何带领门店进行新能源转型

我相信现在，优秀的经营者都在关注门店的新能源转型，毕竟新能源占有率上升得还比较快，这也让传统的汽服门店特别是从事维修保养的门店老板很是焦虑。然而，在我走访全国这么多的修理厂后，我的建议是在转型新能源之前先竭尽全力吃到燃油车最后一波红利。许多业内人士预估这个阶段还有5~8年。

在抓住燃油车红利尾巴的过程中，不断地研究和观察新能源售后政策，如果有合适的机会则可以随时介入。

目前，新能源汽车还属于增量市场，新能源车的售后维保需求还没有得到充分释放。前两年因为有国家补贴政策，吸引了很多造车新势力入场，新能源车的销量也增长得特别快，品牌商对于所售卖出去的新能源车的售后维保需求量也在激增，这吸引了很多独立售后门店的老板特别是全国连锁与区域连锁的老板挤破脑袋往新能源售后维保赛道钻。而随着这两年国家补贴政策的取消，很多造车新势力品牌黯然离开了牌桌，原来的一些强势品牌为了抢占市场份额增加销量，也采取了直营店加分销店的模式。这些强势品牌过了阵痛期后，很多原来分销店也全部收回做成直营。而一些非强势品牌还依然做着直营加分销的模式。

此时强势新能源汽车品牌与弱势新能源汽车品牌就形成了两种

不同的核心需求。强势新能源品牌销量卖得越好，钣喷的需求量就越大，而弱势的新能源品牌首先要解决的是销量的问题。所以有的汽服门店老板拿到了品牌销售权，有的拿到了品牌钣喷授权，有的两者皆有。

这两年虽然新能源汽车销量越来越高，但独立售后门店老板对于新能源机遇的看法似乎也越来越理智了，有很多老板也意识到燃油车有着最后的红利期，转而回去练就内功去了。

同时，有几个强势品牌为了提升车主的体验，在一、二线城市从原来销服分离又悄悄做回了传统4S店的模式，为车主提供从展示到销售到交付到钣喷维修的一站式服务。当然，大部分品牌的做法是销售展厅设在商场端，交付中心和维保钣喷中心一起设在郊区。有些弱势品牌则是前店后厂模式。这也让汽服门店重新思索新机遇在哪里。

针对新能源售后对于独立售后的机会，综合分析评判下来有三大机遇：①强势品牌脱保；②新能源造车工厂倒闭；③弱势品牌的售后联保。但由于现在新能源汽车保有量不足，且很多新车还没出保期，所以还是建议门店老板先专注于燃油车的维保，努力抓住最后一波红利，同时持续观望新能源售后的发展动态。

新能源车除了展销、交付、钣喷维保，还有一个更大的需求就是改装贴膜，所以也有许多新老从业者涌向新能源汽车的轻改，毕竟这条赛道是确定的，机会也是确定的。新能源车日常的维保较少，消费者会将该花的钱花在个性化的地方，比如改色膜、车身彩绘甚至内饰改装。还有最为关键的两点：一是新能源汽车的改装和贴膜不需要拿到主机厂品牌的授权（不需要花费额外的成本）；二是本就有主业，所以不需要担心这个品牌的主机厂是否会发生风险离开牌桌（鉴于今年很多造车新势力因各种原因离开牌桌），相信这也是很多传统燃油车老板敢于积极布局新能源汽车的轻改装和贴膜的主要原因之一。

关于传统汽服门店的新能源转型之路暂且做以上分析。目前，汽服市场处于新旧交替、快速变革的时期，我会持续关注和研究这个主题。

附录二

经营型店长如何带领团队循序渐进做好数字化转型

随着汽服行业竞争加剧，人员成本与房租成本越来越高，车主越来越专业，门店员工越来越难以管控，给店长提出了更高的要求。门店只有不断地提升自身的经营效率，才有可能在如此内卷的时代立于不败之地。门店的数字化转型可以有效帮助门店提升运营效率、提供更好的消费者体验以及实现数据驱动的决策，从而实现赢利逆增长。

首先，门店数字化转型的目的是提升门店的运营效率。通过数字化工具和技术，可以实现无纸化接车、销售数据分析、内部高效协同作战等，减少人工操作的时间和错误率，提高工作效率。此外，数字化转型还可以帮助门店实现供应链的优化，通过数据分析，准确预测客户进店量以及配件需求，降低库存成本，防止呆滞件，提高资金周转率。

其次，门店数字化转型还旨在提供更好的车主体验。车主对于便捷、个性化的有车生活有着越来越高的要求。通过数字化转型，门店可以提供在线预约、线上支付、线上关注维保进度、提前预知车主爱车维保需求等，提升车主进店维保体验，甚至让车主足不出户，享受爱车专业化、个性化、及时性的维保服务。同时，通过数据分析，门店可以更好地了解消费者的需求，提供个性化的产品和服务，增强消费者的满意度和忠诚度。

最后，门店数字化转型还可以实现数据驱动的决策。通过数字化工具和技术，门店可以收集和分析大量的销售数据、消费者行为数据等，深入了解市场趋势和车主需求。基于这些数据，门店可以制订更精准的营销策略、优化产品组合、调整定价策略和销售策略等，提高市场竞争力和赢利能力。

那到底该如何正确实施门店的数字化转型呢，需要做好以下六"化"。

一、标准化

建立项目的标准化和业务体系的标准化，包括项目名称的标准化、配件录入系统名称的标准化以及售价的标准化。同时还要规范业务流程的标准化，人员与人员之间的分工以及部门与部门之间的协同作战，以及店内的开单流程的标准化，销售客服流程的标准化与施工流程的标准化。确保每个生产经营环节都有被记录和参考的数据和信息。

二、IT化

门店从接车开始需要应用到电子设备、数据存储设备以及相应的软硬件设施。就像饭店一样，现在很多饭店都在用平板电脑点菜，有部分汽服门店也做到无纸化接车了，这为后续发展打下了坚实的基础。

三、信息化

有了业务项目的标准化和 IT 化，才能将门店所有经营生产过程以及相应的流程和动作生成可供传播与分析的信息，比如几点几分接了一辆车，技师几点几分将这辆车完工进行交付。当客户抱怨说交车晚了，工作人员就可以去调取相应过程所产生的信息，依据信息可以进行进度分析，到底是不是门店交车晚了。如果真是交车晚了，找出到底是哪个环节导致交车晚了，就有了下一个改善的方向和着力点。

四、在线化

实现了信息化，但没能实现在线化，那依然不能称为门店的数字化转型。在线化是指内部的在线化和外部的在线化，内部的在线化让信息更透明，解除了内部跨部门信息不通畅的问题，让内部配合更高效，员工交流更通畅；外部的在线化解决了门店与车主信息不透明的问题，让车主随时能找到门店客服人员，能第一时间掌握门店的优惠活动，让门店也更了解车主的需求，可以第一时间联系车主。

五、数据化

在线化信息的背后一定会形成很多有用的数据。一个商业环境里最值钱的就是信息和数据，在门店的经营管理里面也同样重要，而最重要的就是数据的产生以及数据的分析。数据之所以有用和复杂，是因为门店生产经营的各个环节的数据会帮店长提升决策水平和解决问题的能力。比如你所经营的门店产值下滑，产值从哪里来，进店量、单车产值、查车率分别是多少，等。再比如门店的毛利率又与哪些数据有关呢？这背后涉及门店经营的动态数据和静态数据两种，而房租就是成本的静态数据，所要发给员工的提成对于成本支出而言就是一个动态数据。

再比如，你的数据池里哪些车型出现的哪些故障是最多的，这也是我们经常讲的某某车型的通病。这些原来都是要靠老板或技师多年的经验积累，现在系统里有了这些数据后，一个新员工也可以在系统里搜索某某车型出现了什么故障该怎么维修，会出现几百上千条相关的历史维修信息供新员工参考。

六、智能化

数字化的终极目标就是创造顾客价值，不管我们内部提升了多少效率，降低了多少成本，最终的目的就是给车主高效低成本解决问题，吸引客户持续回店。降低门店的运营成本和提升门店的运营效率，最终让车主获得良好的进店服务体验，同时让客户少花钱，少花时间，而门店的利润还没减少，甚至略有增加，这才是商业的底层逻辑。提高效率，减少内耗，降低成本，提升客户价值，从而最终提升了利润，而智能化就是门店数字化转型的终极目的。

对内部管理的智能化。好的服务顾问在接待客户后能获得较高的满意度，而且也能提高客单价。数字化转型能够结合新员工的工作过程数据更好地分析其欠缺的地方，以帮助新员工更好地成长和更有效地配合。

对配件管理的智能化。通过过程数据的采集,再加上数据分析,就知道哪些配件是门店用的频率最高的配件,就可以多备一些,哪些配件是门店用的频率很小的,就可以不备或者少备。智能化甚至能做到配件商比门店人自己更懂你的仓库,店长只负责带队修车和接待好客户,配件管理可以交给配件商。店长还不用担心配件商造假,因为一切行为都是信息化和数据化的,遇到的一切问题都有迹可查、有据可依。

对客户管理的智能化。通过日常掌握的客户进店的数据和消费习惯以及消费周期,再加以门店管理系统的数据采集与分析,可以自动推算出车主下一个阶段的维保需求,从而可以做到比车主更懂他的车,比车主更关心他的用车健康与用车安全,比车主更了解他的用车习惯和个性化问题,从而可以为各个车主提供个性化的服务。

对技师维修技术的智能化。通过日常掌握进店车型的维修保养情况,就知道哪些车型到了一定的公里数就会出现哪些共同的问题。特别是对新手技师,当遇到一个故障码或一个明确的故障时,到系统里一搜索,解决方案就会跳出来,这也大大降低了门店对新技师的培养成本,提升了门店人员的能力,从而提升门店的效率,提升客户的满意度,最终提升产值。

综上所述,门店数字化转型的本质是实现顾客价值,即以车主为中心成就车主用户。核心需求是提升门店运营效率、提供更好的消费者体验以及实现数据驱动的决策。只有通过数字化转型,门店才能更好地适应市场变化,提高竞争力,实现可持续发展。